PONS

Schüler-Grammatik
FRANZÖSISCH

PONS GmbH
Stuttgart

PONS

Schüler-Grammatik FRANZÖSISCH

Nachschlagen – üben – draufhaben

Dieser Titel basiert in Teilen auf 978-3-12-561441-3, 978-3-12-561626-4 und 978-3-12-561792-6.

PONS verpflichtet sich, den Zugriff auf die zu diesem Buch gehörigen Online-Übungen bis mindestens Ende 2016 zu gewährleisten. Ein Anspruch der Nutzung darüber hinaus ist nicht gegeben.

Auflage A1 4 3 2 1 / 2016 2015 2014 2013

PONS Produktinfos und Shop: www.pons.de
PONS Online-Wörterbuch: www.pons.eu
E-Mail: info@pons.de

Redaktion: Canan Eulenberger-Özdamar
Logoentwurf: Erwin Poell, Heidelberg
Logoüberarbeitung: Sabine Redlin, Ludwigsburg
Titelfoto: Vlado Golub, Stuttgart
Einbandgestaltung: Petra Schnur, Stuttgart
Entwurf Button Online-Übungen: grundmanngestaltung, Karlsruhe
Layout/Satz: Satzkasten, Stuttgart
Druck und Bindung: Print Consult GmbH, München

Printed in the EU.
ISBN: 978-3-12-561893-0

So benutzt du dieses Buch

Du willst ein bestimmtes Grammatikthema wiederholen oder einfach nur schnell eine Regel nachschlagen? Mit der **PONS Schüler-Grammatik Französisch** hast du dafür genau das richtige Buch. Hier findest du alle Grammatikthemen, die du für die Schule brauchst. Egal ob als Hilfe bei den Hausaufgaben oder zur Vorbereitung auf die nächste Klassenarbeit - dieses Buch begleitet dich durch deine gesamte Schullaufbahn.

- Das **Inhaltsverzeichnis** auf den **Seiten 5 - 8** führt dich schnell zum gesuchten Thema.

- Bevor es losgeht, findest du auf **S. 10 - 11** eine praktische **Übersicht der wichtigsten Grammatikbegriffe**, die du nicht nur im Französischunterricht gut verwenden kannst.

- Ab **S. 12** erklärt dir der Grammatikteil alle wichtigen Regeln der französischen Sprache. Und damit du das Gelernte auch gut anwenden kannst, findest du zu jeder Regel ein französisches Beispiel mit deutscher Übersetzung. Im Anhang findest du ab **S. 212** ein Kapitel zu **Typischen Fehlern im Französischen** und wie du lernst, sie zu vermeiden.

- Wenn du etwas gezielt nachschlagen möchtest, führt dich das **Stichwortregister** im Anhang (**S. 252**) schnell zur richtigen Stelle.

Diese Symbole helfen dir

! Hier wird eine **Regel** formuliert oder auf **Besonderheiten** aufmerksam gemacht, die du nicht übersehen solltest.

i **Lerntipps** verraten dir an dieser Stelle, wie du dir Regeln besser merken kannst.

→← **Hier** wirst du auf Unterschiede zwischen der deutschen und der **französischen** Sprache aufmerksam gemacht.

▶ **Hier** wird auf andere Grammatikkapitel verwiesen.

Deine PONS-Redaktion wünscht dir viel Spaß und Erfolg beim Französischlernen!

Inhalt

Inhalt

Erklärung der Grammatikbegriffe

Französisch	Fachausdruck	Umgangssprachlich
Adjectif	Adjektiv	Eigenschaftswort
Adverbe	Adverb	Umstandswort
Article	Artikel	Geschlechtswort
Comparatif	Komparativ	1. Steigerungsstufe
Conditionnel	Konditional	Bedingungsform
Conjonction	Konjunktion	Bindewort
Futur	Futur	Zukunft
Gérondif	Gerundium	Substantiviertes Verb
Imparfait	Imperfekt	Vergangenheit
Impératif	Imperativ	Befehlsform
Indicatif	Indikativ	Wirklichkeitsform
Infinitif	Infinitiv	Grundform
Nom	Substantiv	Hauptwort
Participe passé	Partizip Perfekt	Mittelwort der Vergangenheit
Passé composé	Perfekt	Vollendete Gegenwart
Passif	Passiv	Vorgangsform des Verbs
Pluriel	Plural	Mehrzahl

Französisch	Fachausdruck	Umgangssprachlich
Plus-que-parfait	Plusquamperfekt	Vorvergangenheit
Préposition	Präposition	Verhältniswort
Présent	Präsens	Gegenwart
Pronom	Pronomen	Fürwort
Pronom démonstratif	Demonstrativpronomen	Hinweisendes Fürwort
Pronom indéfini	Indefinitpronomen	Unbestimmtes Fürwort
Pronom interrogatif	Interrogativpronomen	Fragefürwort
Pronom personnel	Personalpronomen	Persönliches Fürwort
Pronom possessif	Possessivpronomen	Besitzanzeigendes Fürwort
Pronom réfléchi	Reflexivpronomen	Rückbezügliches Fürwort
Pronom relatif	Relativpronomen	Bezügliches Fürwort
Singulier	Singular	Einzahl
Subjonctif	Konjunktiv	Möglichkeitsform
Superlatif	Superlativ	2. Steigerungsstufe
Verbe	Verb	Tätigkeitswort

1 Aussprache

Die französische Aussprache kann für den Lerner zuweilen recht verwirrend sein. Wie sollst du als deutschsprachiger Lerner zunächst darauf kommen, dass **doux** genauso klingt wie das deutsche Wort *du*, wo es doch ganz anders geschrieben wird! Aber glücklicherweise gibt es durchaus Regeln, an die man sich bei der Aussprache halten kannst. Wir haben sie in diesem Kapitel für dich zusammengestellt.

Neben diesen Regeln solltest du auch das **Internationale Phonetische Alphabet (IPA)** kennen, denn darin werden alle Laute der französischen Sprache in Lautzeichen wiedergegeben.

Mit dieser Lautschrift wird die Aussprache der einzelnen Wörter schriftlich festgehalten. Das Wort **doux** schreibt man in Lautschrift [du].

Das internationale phonetische Alphabet (IPA)

Da die Lautschrift **international** – also sprachübergreifend – ist, stimmen die IPA-Zeichen nicht immer mit der Buchstabenfolge der Orthografie der jeweiligen Sprache überein.

Diese IPA-Zeichen findest du auch oft in Lehr- und Wörterbüchern. Wenn du die Lautzeichen beherrscht, kannst du jedes Wort im Wörterbuch richtig aussprechen.

Die Aussprache der französischen **Vokale** und **Konsonanten** ist mit derjenigen des Deutschen vergleichbar. Mit den **Nasalen** verfügt das Französische aber auch über Laute, die das Deutsche nicht kennt.

Das **Internationale Phonetische Alphabet (IPA)** kennzeichnet die einzelnen Laute. Das Alphabet greift unter anderem auf lateinische und griechische Buchstaben zurück, z. B. **[a]** für den Vokal **a** und **[ɥ]** für einen der Halbkonsonanten. Jedem Laut des Französischen ist genau ein Zeichen zugeordnet. Für das Französische gibt es 12 Lautzeichen für die **Vokale**, 4 Zeichen für die **Nasalvokale** und insgesamt 21 Zeichen für **Konsonanten**, **Nasalkonsonanten** und **Halbkonsonanten**. In der folgenden Tabelle sind alle Laute des Französischen aufgelistet und mit einem deutschen Wortbeispiel verdeutlicht. Dies ist eine wertvolle Hilfe für das Üben der Aussprache.

Vokale – *les voyelles*

FRANZÖSISCH		DEUTSCH
[i]	**ici** [isi]	Wie **i** in **Diplom**
[y]	**lune** [lyn]	Wie **ü** in **Büro**
[u]	**pouce** [pus]	Wie **u** in **Musik**
[ə]	**ce** [sə]	Etwa wie **e** in **Stille**
[e]	**épée** [epe]	Wie **e** in **Tee**
[ɛ]	**après** [apʀɛ]	Wie **ä** in **Ärger**
[ɔ]	**pomme** [pɔm]	Wie das kurze **o** in **Post**
[o]	**peau** [po]	Wie das lange **o** in **Rose**
[a]	**patte** [pat]	Wie das kurze **a** in **Ball**
[ɑ]	**pâte** [pɑt]	Etwa wie das lange **a** in **Paar.** Der Vokal wird etwas weiter hinten gebildet.
[ø]	**heureuse** [øʀøz]	Wie das lange **ö** in **Höhle**
[œ]	**sœur** [sœʀ]	Etwa wie das kurze **ö** in **Hölle**
NASALE		
[ɑ̃]	**France** [fʀɑ̃s]	Für diese Nasallaute gibt es keine deutsche Entsprechung
[ɛ̃]	**pain** [pɛ̃]	
[ɔ̃]	**conte** [kɔ̃t]	
[œ̃]	**brun** [bʀœ̃]	

Achtung: Der vierte Nasallaut [œ̃] fällt in der heutigen Standardaussprache meist mit dem Nasallaut [ɛ̃] zusammen, sodass **brun** *(braun)* und **brin** *(Stiel)* gleich klingen: [bʀɛ̃]. Nur in Südfrankreich ist der Nasalvokal [œ̃] noch gut hörbar. Andernorts wird er meistens wie [ɛ̃] gesprochen.

Es gibt zwei einfache Tricks, die **Nasale** zu üben:
- Wenn du dir die Nase zuhältst, kannst du ganz einfach einen Nasallaut erzeugen.
- Wenn du versuchst die Laute auszusprechen, während du langsam den Kopf in den Nacken fallen lässt, kannst du hören wie die Laute immer mehr zum Nasal werden, je weiter dein Kopf im Nacken liegt.

Konsonanten – *les consonnes*

FRANZÖSISCH		DEUTSCH
[p]	**pou** [pu]	Wie **p** in **Panne**
[t]	**tout** [tu]	Wie **t** in **Tüte**
[k]	**cou** [ku]	Wie **k** in **Kind**
[s]	**sous** [su]	Wie **s** in **Lasso**
[ʃ]	**chou** [ʃu]	Wie **sch** in **Schaf**
[f]	**fou** [fu]	Wie **f** in **Fisch**
[ʀ]	**rue** [ʀy]	Etwa wie **r** in **Riese**
[m]	**femme** [fam]	Wie **m** in **Mama**
[n]	**banane** [banan]	Wie **n** in **Nase**
[ɲ]	**gagner** [gaɲe]	Wie **gn** in **Cognac**
[ŋ]	**camping** [kɑ̃piŋ]	Wie **ng** in **Ring**
[b]	**bout** [bu]	Wie **b** in **Beben**
[d]	**doux** [du]	Wie **d** in **Dach**
[g]	**goût** [gu]	Wie **g** in **Gegend**
[z]	**bisou** [bizu]	Wie **s** in **Saal**
[ʒ]	**joue** [ʒu]	Wie **g** in **Genie**

[v]	**vous** [vu]	Wie **v** in **Vase**
[l]	**loup** [lu]	Wie **l** in **Lilie**

! Achtung: **c** wird immer nur vor **e**, **i** und **y** [s] ausgesprochen, ansonsten wird es [k] ausgesprochen, z. B.: **ce canard** [səkanaʀ] *(diese Ente)*. Dagegen wird **ç** vor **a**, **o** und **u** [s] ausgesprochen, z. B.: **ça caille** [sakaj] *(es ist affenkalt)*.

Halbkonsonanten – *les semi-consonnes*

FRANZÖSISCH		
[w]	**oui** [ˈwi]	Für diese Laute gibt es keine deutsche Entsprechung
[j]	**famille** [famij]	
[ɥ]	**cuisine** [kɥizin]	

Besonderheiten bei der französischen Aussprache

Aspiriertes h (h aspiré)

Symbol: [ˈ] für **h** [ˈaʃ] **aspiré**

Im Französischen unterscheidet man das **aspirierte h** (**h aspiré**) und das **stumme h** (**h muet**). In der Lautschrift kann man sie durch das Zeichen [ˈ] voneinander unterscheiden:

h [ˈaʃ] und **h** [aʃ].

Beide Laute hört man beim Sprechen nicht, aber je nachdem um welches **h** es sich handelt, hat dies Auswirkungen, z. B. auf den Artikelgebrauch:

Wörter, die mit **h aspiré** anfangen, verhalten sich wie Wörter, die **mit Konsonant** beginnen, d. h. bei ihnen wird die volle Form des Artikels (**le, la**) verwendet:

la maison [lamɛzɔ̃] (*das Haus*) → **la haie** [la´ɛ] (*die Hecke*)
Wörter, die mit **stummem h** beginnen, verhalten sich wie solche **mit Anfangsvokal**, d. h. im Singular steht der Artikel mit Apostroph:

l'amie [lami] (*die Freundin*) → **l'habitude** [labityd] (*die Gewohnheit*)

Homophone und Homographe

Manchmal klingen unterschiedlich geschriebene Wörter gleich, diese nennt man **Homophone**:

[sɛ̃]: **sain** (*gesund*) – **saint** (*heilig*)
[so]: **sot** (*Dummkopf*) – **saut** (*Sprung*)

Dagegen können sich hinter gleich geschriebenen Wörtern, je nach Bedeutung, ganz unterschiedliche Aussprachen verbergen. Diese Wörter nennt man **Homographe**:

(les) fils: *(die) Söhne* [fis] – *(die) Fäden* [fil]
(il) est: *(er) ist* [ɛ] – *Osten* [ɛst]

Stimmhafte und stimmlose Konsonanten

Immer wenn die Stimmlippen bei einem Laut vibrieren, handelt es sich um einen stimmhaften Laut. Bleiben sie ruhig, ist der Laut stimmlos. Wenn du die Hand an deine Kehle legst und einmal folgende Wörter sprichst, spürst du den Unterschied:

vin [vɛ̃] (*Wein*)
- fin [fɛ̃] (*fein*)

don [dɔ̃] (*Gabe*)
- ton [tɔ̃] (*dein*)

! Manchmal kann die Verwechslung stimmhafter und stimmloser Konsonanten bei der Aussprache auch fatale Folgen haben:
poison [pwazɔ̃] (Gift) - **poisson** [pwasɔ̃] (Fisch)

Die acht wichtigsten Ausspracheregeln

Liaison

Treffen zwei Wörter mit **Vokal** am Ende und am Wortanfang aufeinander, werden sie zusammengezogen:

tu‿as [tya] *(du hast)*

Konsonanten können Silben miteinander verketten, indem ein Konsonant zur „Silbenschale" der folgenden, mit einem Vokal beginnenden Silbe wird. Die Verkettung tritt nicht nur innerhalb eines Wortes auf, sondern auch über Wortgrenzen hinaus, so dass **romantique** (*romantisch*) und **Rome‿antique** (*antikes Rom*) gleich gesprochen werden:

[ʀɔmɑ̃tik]

Stumme Konsonanten, etwa das **s** in **ils** [il], werden mit dem folgenden Vokal verbunden. In der **Liaison** gibt es keinen „stummen Partner" - auch der eigentlich stumme Laut wird gesprochen:

ils‿arrivent [ilzaʀiv] *(sie kommen an)*

Achtung: Hier gibt es zwei wichtige Ausnahmen:
- **et [e]** wird niemals verbunden: **et un‿ami** [eε̃nami].
- Wörter, die mit einem **h aspiré** (gehauchtes **h**) beginnen, können **nicht** durch eine **Liaison** mit dem vorangegangenen Wort verbunden werden: **en haut** [ɑ̃ˊo].

Stummes e (ə *caduc*)

Das [ə] als unbetonter Auslautvokal einer Silbe verstummt oftmals, z. B. in **sa-me-di** [samdi].

Vor einem Vokal fällt das stumme [ə] weg, z. B. bei **la même idée** [lamεmide].

Bei einsilbigen Wörtern (**ce, je, le**...) wird es in der geschriebenen Sprache durch einen Apostroph ersetzt, sobald ein Vokal folgt, z. B. **c'est beau** [sεbo].

Kennzeichnung der weiblichen Form durch stummes e

Wenn bei einem Adjektiv die männliche Form auf einem Konsonanten endet, endet die weibliche Form häufig auf einem stummen [ə]. Dies ist ein Hinweis darauf, dass der **vorangegangene Konsonant** gesprochen wird:

court [kuʀ] (*kurz*, männlich) und **courte** [kuʀt] (*kurz*, weiblich)

Endungen

Konsonanten am Wortende werden in der Regel nicht gesprochen. Dies gilt auch für konjugierte Verben, hier bleibt die Endung für die 3. Person Plural immer stumm, **-ent** wird nicht gesprochen:

ils arrivent [ilzaʀiv]

So hören sich beispielsweise auch die folgenden Verbformen gleich an:

(je) parle, (tu) parles, (il) parle und (ils) parlent = [paʀl]

Mehrzahl-Endungen

Im gesprochenen Französisch sind Einzahl und Mehrzahl in der Regel nur durch den Artikel zu unterscheiden. Im Schriftbild kennzeichnet zusätzlich zum Artikel auch das **nicht hörbare End-s** die Mehrzahl:

le livre [lə livʀ] *(das Buch)* – **les livres** [le livʀ] *(die Bücher)*

Nasale in Laut- und Schriftbild

Im Französischen wird ein **Vokal nasal** gesprochen, wenn ein **m** oder **n** folgt. Ist dieser **Konsonant verdoppelt** oder **folgt ihm ein Vokal**, so wird **nicht nasal** gesprochen. Dies ist bei der weiblichen Form häufig der Fall:

voisin [vwazɛ̃] (*Nachbar*, männlich) und **voisine** [vwazin] (*Nachbarin*, weiblich)

! Achtung: Durch die **Liaison** kann es auch zu einer sogenannten **Entnasalisierung** kommen: **bon‿ami** [bɔnami] und nicht [bɔ̃ami]!

Betonung

Im Französischen wird **die letzte Silbe eines Wortes betont** und alle Silben haben grundsätzlich die gleiche Länge. In einem Satz werden Sinnabschnitte - oftmals identisch mit grammatischen Einheiten - durch einen „Satztakt" gekennzeichnet, indem die letzte Silbe im Sinnabschnitt betont wird. Diese betonte Silbe wird nicht mit einer **Liaison** mit dem folgenden Vokal verbunden.

Maintenant, nous‿arrivons à Paris. [mɛ̃t(ə)nɑ̃nuzaʀivɔ̃apaʀi]

Sprachmelodie

Bei einem Aussagesatz wird die Stimme am Ende gesenkt, bei einem Fragesatz gehoben. Ein Aussagesatz kann durch die Intonation zu einem Fragesatz werden. Wenn die grammatische Struktur den Fragesatz kennzeichnet, kann die Stimme auch gesenkt werden.

Aussagesatz	Fragesatz durch Betonung	Grammatischer Fragesatz

Luc va venir.	**Luc va venir?**	**Est-ce-que Luc va venir?**
[lyk va vəniʀ]	[lyk va vəniʀ]	[ɛskə lyk va vəniʀ]

ℹ Im gesprochenen Französisch werden Wörter so miteinander verbunden, dass **einzelne Wortgrenzen nicht hörbar** sind.

2 L'article - *Der Artikel*

Der bestimmte Artikel

Die Formen des bestimmten Artikels

	VOR KONSONANT		VOR STUMMEM H		VOR VOKAL	
männliche Formen						
Singular	le	train	l'	hôtel	l'	arbre
Plural	les	trains	les	hôtels	les	arbres
weibliche Formen						
Singular	la	ville	l'	heure	l'	autoroute
Plural	les	villes	les	heures	les	autoroutes

Im Französischen gibt es im Gegensatz zum Deutschen nur einen männlichen und weiblichen Artikel. Das deutsche Neutrum existiert im Französischen nicht.

Der bestimmte Artikel im Singular lautet für männliche Substantive **le**, für weibliche Substantive **la**. Vor Vokal und stummem *h* werden **le** und **la** zu **l'**. Im Plural heißt der bestimmte Artikel für **le**, la und **l'** einfach **les**.

Da das Geschlecht der Substantive im Französischen oft anders als im Deutschen ist, ist es sinnvoll, den bestimmten Artikel im Singular bei neuen Vokabeln gleich mitzulernen, z. B.

le livre *das Buch*, la place *der Platz*, la tour *der Turm.*

Die Präpositionen *à* und *de* und der bestimmte Artikel

à			de		
Je	au	travail.	Je	du	voyage.
pense	à l'	hôtel.	parle	de l'	hôtel.
	aux	copains.		des	copains.
	à la	discothèque.		de la	discothèque.
	à l'	école.		de l'	employée.
	aux	grandes villes.		des	grandes villes.

Die Präpositionen **à** und **de** verschmelzen mit dem bestimmten Artikel **le** und **les** zu einem Wort:

à + le = au
à + les = aux

de + le = du
de + les = des

Der Gebrauch des bestimmten Artikels

Im Gegensatz zum Deutschen wird der bestimmte Artikel im Französischen verwendet bei:

- der Gesamtheit einer Menge:	**J'aime les livres.**	*Ich mag Bücher.*
- Eigennamen:	**Les Noblet habitent à Paris.**	*(Die) Noblets wohnen in Paris.*
- Titeln:	**Le docteur Lacroix est parti en vacances.**	*Doktor Lacroix ist in Urlaub gefahren.*
- Körperteilen:	**Géraldine a les yeux verts.**	*Géraldine hat grüne Augen.*
- bei Zeitangaben (Regelmäßigkeit)	**Le mercredi après-midi je n'ai pas cours.**	*Mittwochnachmittags habe ich keinen Unterricht.*
- festen Wendungen:	**J'apprends le français.**	*Ich lerne Französisch.*

Der Gebrauch des bestimmten Artikels bei geografischen Namen

Je connais l'Amérique.	*Ich kenne Amerika.*
J'aime le Mali.	*Ich mag Mali.*
J'aime les Etats-Unis.	*Ich mag die Vereinigten Staaten.*
Le Poitou est situé dans le sud-ouest de la France.	*Das Poitou befindet sich im Südwesten Frankreichs.*

Du hast sicherlich bemerkt, dass der bestimmte Artikel im Französischen bei Ländern gebraucht wird, während er im Deutschen in der Regel nur bei weiblichen Ländernamen benutzt wird.

! Vor Kontinenten, Ländern und Provinzen wird der Artikel im Französischen verwendet.

Bei weiblichen Ländernamen wird der Artikel nicht verwendet, wenn sie in Verbindung mit der Präposition **en**, **de** und **d'** stehen:

Ma famille habite en France, mais mon père vient de Belgique et ma mère vient d'Allemagne.
Meine Familie wohnt in Frankreich, aber mein Vater kommt aus Belgien und meine Mutter aus Deutschland.

Der unbestimmte Artikel

	MÄNNLICH		WEIBLICH	
Singular	un	livre	une	voiture
Plural	des	livres	des	voitures

Der unbestimmte Artikel lautet bei männlichen Substantiven im Singular **un** und bei weiblichen Substantiven **une**. Im Plural werden **un** und **une** zu **des**. Du weißt sicherlich schon, dass es im Deutschen keinen Plural des unbestimmten Artikels gibt.

Er fällt im Deutschen einfach weg.

J'achète	un	livre.	*Ich kaufe ein Buch.*
J'achète	des	livres.	*Ich kaufe Bücher.*

Der Teilungsartikel

Das Deutsche kennt den Teilungsartikel nicht! Also aufgepasst!

Die Formen des Teilungsartikels

Jean prend son petit-déjeuner.			*Jean frühstückt.*
Il prend	du	pain,	*Er nimmt Brot,*
	de la	confiture,	*Marmelade,*
	de l'	eau.	*Wasser.*

Der Teilungartikel besteht aus der Präposition **de** und dem bestimmten Artikel.

Der Gebrauch des Teilungsartikels

1. Der Teilungsartikel wird verwendet, wenn man eine unbestimmte Menge, d. h. unzählbare Dinge, bezeichnen möchte. Er gibt einen Teil eines Ganzen an.

2. Der Teilungsartikel wird allerdings nicht verwendet, wenn eine Sorte oder Gattung als solche bezeichnet wird. In diesem Fall gebraucht man den bestimmten Artikel.

Il aime l'eau, mais il déteste le thé.	*Er mag Wasser, aber er verabscheut Tee.*

3. Nach **sans** und **de** steht kein Teilungsartikel.

Jean prend son pain sans beurre.	*Jean nimmt Brot ohne Butter.*
Jean a besoin d'argent.	*Jean braucht Geld.*

Sollte jedoch eine bestimmte Menge gemeint sein, dann steht bei **de** der bestimmte Artikel:

Jean a besoin de l'argent **qu'il a gagné**.	*Jean braucht das Geld, das er verdient hat.*

Sans, **avec** und der Teilungsartikel, das ist ein Kinderspiel. Merke dir einfach, dass nach **avec** der Teilungsartikel verwendet wird und nach **sans** direkt das Substantiv ohne irgendeinen Artikel folgt.

Jean prend son pain avec de la confiture, mais sans beurre.
Jean isst sein Brot mit Marmelade, aber ohne Butter.

4. Außerdem steht der Teilungsartikel bei einigen festen Wendungen, z. B.:

faire du volley/du sport	*Volleyball spielen/Sport treiben*
jouer du piano	*Klavier spielen*
avoir de la chance	*Glück haben*

Wenn du dir das Leben erleichtern willst, dann lerne den Teilungsartikel bei festen Wendungen gleich mit.

Der Teilungsartikel und die Verneinung

JEAN DEMANDE:			ANNICK RÉPOND:
Est-ce qu'il y a encore	du	pain ?	Non, il n'y a plus de pain.
Gibt es noch Brot?			*Nein, es gibt kein Brot mehr.*
Est-ce qu'il y a encore	de la	confiture ?	Non, il n'y a plus de confiture.
Gibt es noch Marmelade?			*Nein, es gibt keine Marmelade mehr.*
Est-ce qu'il y a encore	de l'	eau ?	Non, il n'y a plus d' eau.
Gibt es noch Wasser?			*Nein, es gibt kein Wasser mehr.*

(!) Die Verneinung wird beim Teilungsartikel mit **ne... pas de** gebildet.

Mengenangaben mit *de*

IL FAUT ACHETER ...			*MAN MUSS ...*
un litre	de	vin,	*einen Liter Wein,*
un kilo	de	tomates,	*ein Kilo Tomaten,*
une bouteille	d'	eau minérale,	*eine Flasche Mineralwasser,*
beaucoup	de	fruits,	*viele Früchte,*
un peu	de	fromage,	*ein bisschen Käse,*
assez	de	limonade.	*genügend Limonade ... kaufen.*

An Mengenangaben, die eine bestimmte Menge oder eine unbestimmte Anzahl bezeichnen, wird das nachfolgende Substantiv nur mit der Präposition **de** angeschlossen.

3 Le substantif - *Das Substantiv*

Alle Substantive sind durch Geschlecht und Zahl (Singular oder Plural) gekennzeichnet.

Das Geschlecht der Substantive

Im Französischen gibt es nur männliche und weibliche Substantive. Das deutsche Neutrum existiert im Französischen nicht.

Außerdem haben deutsche Substantive im Französischen oft ein anderes Geschlecht, z. B.:

la mort *der Tod* und le vase *die Vase*.

i Da man das Geschlecht der Substantive oft nur am Artikel erkennen kann, empfiehlt es sich, den Artikel und das Geschlecht immer gleich mitzulernen.

Das Geschlecht bei Lebewesen

1. Bei Personen oder Tieren gibt es in der Regel für jedes Geschlecht eine Form.

   Für die Bildung der weiblichen Formen bestehen folgende Möglichkeiten:

MÄNNLICH	≠	WEIBLICH	MÄNNLICH	≠	WEIBLICH
un ami	≠	une amie	-	≠	-e
un employé	≠	une employée	-é	≠	-ée
un acteur	≠	une actrice	-teur	≠	-trice
			Ausnahme: un chanteur ≠ une chanteuse		
un vendeur	≠	une vendeuse	-eur	≠	-euse
			Ausnahme: un pécheur ≠ une pécheresse		
un boulanger	≠	une boulangère	-er	≠	-ère
un voisin	≠	une voisine	-in	≠	-ine
			Ausnahme: un copain ≠ une copine		
un paysan	≠	une paysanne	-an	≠	-anne
un espion	≠	une espionne	-on	≠	-onne
			Ausnahme: un compagnon ≠ une compagne		
un Italien	≠	une Italienne	-ien	≠	-ienne
un veuf	≠	une veuve	-f	≠	-ve
un tigre	≠	une tigresse	-e	≠	-esse

i Verwechsle nicht **le pécheur**, **la pécheresse** *der Sünder, die Sünderin* mit dem regelmäßig abgeleiteten **le pêcheur, la pêcheuse** *der Fischer, die Fischerin*. Als Eselsbrücke kannst du dir merken, dass der Fischer einen „Angelhaken" auf dem **e** hat.

2. Bei einigen Substantiven kann man das Geschlecht nur am Artikel erkennen, da die männlichen und die weiblichen Formen identisch sind.

BEISPIELE:	un	élève	une	élève
	un	enfant	une	enfant
	un	journaliste	une	journaliste
	un	secrétaire	une	secrétaire

Für einige Berufe gibt es nur eine männliche Berufsbezeichnung, z. B.: **un ingénieur, un médecin, un reporter, un professeur...**

3. Daneben gibt es auch Personen-, Verwandtschafts- und Tierbezeichnungen, bei denen die männliche und weibliche Form aus zwei verschiedenen Substantiven bestehen.

BEISPIELE:	un	homme	une	femme
	un	garçon	une	fille
	un	frère	une	sœur
	un	coq	une	poule

Das Geschlecht bei Sachen und Dingen

Das Geschlecht von Wortgruppen

Männlich sind

- Wochentage: le lundi, le vendredi;
- Jahreszeiten: le printemps, l'automne;
- Himmelsrichtungen: le sud, le nord;
- Sprachen: le portugais, l'italien;
- Bäume: le chêne, le sapin;
- Metalle: l'or, le platine;
- chemische Elemente: le mercure, le soufre, l'uranium;
- Transportmittel: le bus, le train, l'avion

Weiblich sind

- Länder: la France, la Pologne, *aber:* le Portugal, le Danemark, le Luxembourg;
- Flüsse: la Saône, la Moselle, *aber:* le Rhône, le Danube;
- Wissenschaften: la géographie, *la* médecine, *aber:* le droit;
- Autonamen: la BMW, la Citroën

Das Geschlecht bei bestimmten Wortendungen

Anhand von Wortendungen lässt sich das Geschlecht der Substantive bestimmen.

Substantive, die folgende Endungen aufweisen, sind meist männlich:

ENDUNG	BEISPIEL	AUSNAHME
-aire	le commissaire, le dictionnaire	
-an (+ Kons)	l'an, le sang	
-ent	le vent, l'argent	la dent
-ment	le développement	
-ier	le métier, le cahier	
-et	le billet, le guichet	
-in	le vin, le voisin	la fin
-ain	le pain, le bain	la main
-ail	le travail, le détail	
-al	l'hôpital, le cheval	
-isme	le tourisme, le socialisme	
-eau	le tableau, le bureau	l'eau
-oir	le devoir, le pouvoir	
-teur	le moteur, l'ordinateur	
-age	le garage, le visage	l'image, la cage, la page, la plage
-ège	le collège, le manège	

Im Deutschen sind Substantive, die auf -**age** und -**ege** enden weiblich, während sie im Französischen männlich sind, z. B. ***die** Garage, **die** Manege.*

Substantive, die folgende Endungen aufweisen, sind meist weiblich:

ENDUNG	BEISPIEL	AUSNAHME
-ade	la promenade, la salade	le stade
-ance	la distance, la confiance	
-ence	la différence, la concurrence	
-ée	la journée, l'employée	le musée, le lycée
-elle	la nouvelle, la chandelle	
-ère	la bouchère, la panthère	
-esse	la jeunesse, la politesse	
-ette	la baguette, la cigarette	
-euse	la vendeuse, la friteuse	
-ie	la boulangerie, la maladie	l'incendie
-ité	la nationalité, la popularité	le comité
-ine	la cuisine, la semaine	le domaine
-ion	la conversation, la télévision	l'avion, le camion, le million
-ure	la nature, la voiture	le murmure
-té	la bonté, la santé	le pâté, l'été
-tude	l'habitude, l'inquiétude	

Es wäre auch möglich, dass dir Substantive begegnen, die sowohl weiblich als auch männlich sind. Pass bei diesen Wörtern auf, da sich hinter dem unterschiedlichen Geschlecht ein Bedeutungsunterschied verbirgt, z. B.:

le livre	*das Buch*	la livre	*das Pfund*
le mode	*die Art und Weise*	la mode	*die Mode*
le tour	*Runde, Rundgang*	la tour	*Turm*
	z.B. le Tour de France		*z.B. la Tour Eiffel*

Der Plural der Substantive

1. Im Plural erhalten die meisten Substantive einfach ein **-s**. Dieses **-s** wird aber nicht ausgesprochen.

SINGULAR		PLURAL
le train	→	les trains
la voiture	→	les voitures

2. Substantive, die im Singular auf **-x**, **-z** oder **-s** enden, bleiben im Plural unverändert.

SINGULAR		PLURAL
le prix	→	les prix
le nez	→	les nez
le Français	→	les Français

3. Bei Substantiven, die auf **-au, -eu** und **-ou** enden, wird im Plural einfach ein **-x** angehängt.

   Die Substantive auf **-al** und einige Substantive auf **-ail** erhalten im Plural die Endung **-aux**.

SINGULAR		PLURAL	AUSNAHMEN		
le gâteau	→	les gâteaux	le pneu	→	les pneus
le jeu	→	les jeux	le cou	→	les cous
le bijou	→	les bijoux	le trou	→	les trous

le journal	→	les journaux	le bal	→	les bals
le travail	→	les travaux	le détail	→	les détails

Nominativ, Genitiv, Dativ, Akkusativ

Die vier Fälle haben im Französischen im Gegensatz zum Deutschen keinen Einfluss auf die Form der Substantive.

Genitiv und Dativ werden mit Hilfe von Präpositionen ausgedrückt.
Beim Genitiv verwendet man die Präposition **de**, beim Dativ die Präposition **à**.

Je veux donner la lettre de Christine à ma mère.
Ich will Christines Brief meiner Mutter geben.

Wie die Präpositionen **à** und **de** mit dem bestimmten Artikel verschmelzen, entnimm bitte dem ▶ Kapitel **Der bestimmte Artikel** (S. 22).

4 L'adjectif - *Das Adjektiv*

Die Stellung des Adjektivs

Das Adjektiv als Attribut

Im Gegensatz zum Deutschen stehen die meisten Adjektive im Französischen hinter dem Substantiv.

1. Die meisten Adjektive, insbesondere mehrsilbige Adjektive stehen in der Regel hinter dem Substantiv.

un livre	intéressant	*ein interessantes Buch*
un garçon	sympathique	*ein sympathischer Junge*
une lettre	importante	*ein wichtiger Brief*
une robe	blanche	*ein weißes Kleid*
la langue	française	*die französische Sprache*

2. Kurze und häufig gebrauchte Adjektive stehen vor dem Substantiv, z. B. **grand, gros, petit, jeune, vieux, bon, mauvais, beau** und **joli**.

un	bon	livre	*ein gutes Buch*
une	jolie	fille	*ein hübsches Mädchen*
un	petit	jardin	*ein kleiner Garten*
une	grande	maison	*ein großes Haus*

une	mauvaise	note	*eine schlechte Note*
un	vieil	homme	*ein alter Mann*
une	belle	ville	*eine schöne Stadt*

3. Bei einigen Adjektiven ändert sich die Bedeutung je nachdem, ob sie vor oder hinter dem Substantiv stehen, z. B.:

un grand homme *ein großartiger Mann*	un homme grand *ein groß gewachsener Mann*
un pauvre homme *ein bedauernswerter Mann*	un homme pauvre *ein armer Mann*
la dernière minute *die letzte Minute*	l'année dernière *das vorige Jahr/letztes Jahr*

Das Adjektiv als Prädikat

Auch im Französischen hat man die Möglichkeit, das Adjektiv mit einem Verb zu verbinden. Meist benutzt man dabei das Verb **être**.

La maison est petite mais le jardin est grand.	*Das Haus ist klein, aber der Garten ist groß.*

Das Adjektiv im Singular und im Plural

Das Adjektiv richtet sich in Zahl und Geschlecht immer nach dem Substantiv.

Im Gegensatz zum Deutschen wird auch das prädikativ gebrauchte Adjektiv dem Substantiv angeglichen.

	MÄNNLICH	WEIBLICH
Singular	*le* **petit** jardin Le jardin est **petit**.	*la* **petite** maison La maison est **petite**.
Plural	*les* **petits** jardins Les jardins sont **petits**.	*les* **petites** maisons Les maisons sont **petites**.

Die weibliche Form des Adjektivs bildet man, indem man an die männliche Form ein **-e** anhängt, z.B.: **grand** - **grande**.

Endet die männliche Form bereits auf **-e,** so bleibt die weibliche Form unverändert, z. B.:

le livre rouge　　　la voiture rouge

Der Plural wird durch Anhängen von **-s** an die jeweilige Form des Singulars gebildet.

Es gibt einige wenige Adjektive, die grundsätzlich nicht verändert werden, so zum Beispiel **bon marché, marron, orange** und **super**.

La jupe marron est bon marché.
Der braune Rock ist günstig.

Et les pantalons marron, ils sont aussi bon marché.
Und die braunen Hosen sind auch günstig.

Die Adjektive **sympa** und **chic** werden nicht im Geschlecht, jedoch in der Zahl angeglichen.

un garçon sympa	une fille sympa
des garçons sympas	des filles sympas

Sonderfälle bei den Femininformen

Adjektive, die folgende Endungen haben, weisen Besonderheiten bei der Bildung der weiblichen Formen auf.

REGEL		MÄNNLICH	WEIBLICH	AUSNAHME
-er	→ -ère	cher	→ chère	
-et	→ -ète	complet	→ complète	muet → muette
-c	→ -que	turc	→ turque	blanc → blanche sec → sèche grec → grecque
-f	→ -ve	actif	→ active	
-g	→ -gue	long	→ longue	

-eux	→ -euse	heureux	→ heureuse
-el	→ -elle	naturel	→ naturelle
-il	→ -ille	gentil	→ gentille
-en	→ -enne	européen	→ européenne
-on	→ -onne	bon	→ bonne
-os	→ -osse	gros	→ grosse
-teur	→ -teuse	menteur	→ menteuse
	→ -trice	conservateur	→ conservatrice
-eur	→ -eure	meilleur	→ meilleure
	→ -euse	rieur	→ rieuse

! Wenn du dir nicht ganz sicher bist, wie die weibliche Form eines unregelmäßigen Adjektivs gebildet wird, dann schau im Wörterbuch nach. Die meisten Wörterbücher geben Hinweise auf die Bildung der weiblichen Form.

Sonderfälle bei der Pluralbildung

1. Adjektive, die auf **-al** enden, weisen Besonderheiten bei der Pluralbildung auf.

	MÄNNLICH		WEIBLICH	
Singular	un homme	génial	une femme	géniale
Plural	des hommes	géniaux	des femmes	géniales

Die meisten Adjektive auf **-al** bilden den männlichen Plural auf **-aux**. Die weibliche Pluralform wird allerdings ganz regelmäßig gebildet, indem man ein **-s** an die weibliche Form im Singular anhängt.

! Es gibt aber auch Adjektive, die auf **-al** enden, wie z. B. **banal**, **final**, **fatal** und **naval**, bei denen sowohl der männliche als auch der weibliche Plural durch das Hinzufügen von **-s** an die jeweilige Singularform gebildet werden:

un problème banal **des problèmes banals**

i Wenn du Adjektive auf **-al** problemlos anwenden willst, dann lerne bei jedem neuen Adjektiv auf **-al** den männlichen Plural einfach gleich mit.

2. Besonderheiten im Plural weisen auch Adjektive auf, die auf **-eau**, **-s** oder **-x** enden.

	MÄNNLICH			WEIBLICH		
Singular	un	**beau**	**jour**	une	**belle**	**surprise**
	un	**gros**	**sac**	une	**grosse**	**valise**
Plural	de(s)	**beaux**	**jours**	de(s)	**belles**	**surprises**
	de(s)	**gros**	**sacs**	de(s)	**grosses**	**valises**

Männliche Singularformen auf **-eau** erhalten im Plural ein **-x**.
Adjektive, die männlich im Singular auf **-s** oder **-x** enden, bleiben im Plural unverändert.

Die Adjektive *beau, nouveau* und *vieux*

Beau, **nouveau** und **vieux** sind Adjektive, die Besonderheiten aufweisen und wie folgt angeglichen werden:

beau

	MÄNNLICH		WEIBLICH		
Singular	Il connaît...				
	un	beau café.	une	belle ville.	vor Konsonant
	un	bel hôtel.	une	belle usine.	vor Vokal und stummem h
Plural	des	beaux cafés.	des	belles villes.	vor Konsonant
	des	beaux hôtels.	des	belles usines.	vor Vokal und stummem h

nouveau

	MÄNNLICH		WEIBLICH		
Singular	Elle a...				
	un	nouveau vélo.	une	nouvelle jupe.	vor Konsonant
	un	nouvel hôtel.	une	nouvelle idée.	vor Vokal und stummem h
Plural	des	nouveaux vélos.	des	nouvelles jupes.	vor Konsonant
	des	nouveaux hôtels.	des	nouvelles idées.	vor Vokal und stummem h

vieux

	MÄNNLICH		WEIBLICH		
Singular	Elle a...				
	un	vieux vélo.	une	vieille jupe.	vor Konsonant
	un	vieil hôtel.	une	vieille écharpe.	vor Vokal und stummem h
Plural	des	vieux vélos.	des	vieilles jupes.	vor Konsonant
	des	vieux hôtels.	des	vieilles écharpes.	vor Vokal und stummem h

! **Beau**, **nouveau** und **vieux** haben männlich im Singular je nachdem, ob das nachfolgende Substantiv mit einem Konsonanten oder einem Vokal oder stummem h beginnt, zwei Formen, wenn sie attributiv gebraucht werden.

beau, nouveau, vieux	vor männlichen Substantiven im Singular, die mit Konsonant beginnen
bel, nouvel, vieil	vor männlichen Substantiven im Singular, die mit Vokal oder stummem h beginnen

Bei prädikativem Gebrauch ist alles viel einfacher, da auch männlich im Singular nur die Formen **beau**, **nouveau** und **vieux** zur Verfügung stehen, z. B.:

L'hôtel est beau.	*Das Hotel ist schön.*
L'ordinateur est nouveau.	*Der Computer ist neu.*
L'ordinateur est vieux.	*Der Computer ist alt.*

Die Steigerung der Adjektive

Die Steigerung im Französischen wird anders als im Deutschen gebildet. Aber keine Angst! Das Prinzip ist ganz einfach!

Der Positiv und der Komparativ

POSITIV	Marseille est grand. *Marseille ist groß.*
KOMPERATIV	Marseille est plus grand que Montpellier. *Marseille ist größer als Montpellier.*
	Marseille est moins grand que New York. *Marseille ist kleiner (weniger groß) als New York.*
	Marseille est aussi grand que Lyon. *Marseille ist genauso groß wie Lyon.*

! Der Komparativ wird gebildet, indem man **plus** (Überlegenheit), **moins** (Unterlegenheit) oder **aussi** (Gleichheit) vor das Adjektiv setzt. Das Bezugswort des Vergleichs wird mit **que** angeschlossen.

Dem französischen Komparativ der Unterlegenheit mit **moins** entspricht im Deutschen in der Regel der Komparativ des Gegensatzbegriffs zum gesteigerten Adjektiv, z. B.:

Nadine est grande, mais elle est moins grande que sa mère.	*Nadine ist groß, aber sie ist kleiner als ihre Mutter.*

! Auch bei der Steigerung richtet sich das Adjektiv nach dem Substantiv, auf das es sich bezieht.

Der Superlativ

SINGULAR	Quel est le fleuve *Welches ist*	**le plus long d'** Europe ? *der längste Fluss Europas?*
		le moins long *der kürzeste (der am wenigsten lange)*
	Quelle est la ville *Welches ist*	**la plus grande du** monde ? *die größte Stadt der Welt?*
		la moins grande *die kleinste (am wenigsten große)*
PLURAL	Quels sont les trains *Welches sind*	**les plus rapides de** France ? *die schnellsten Züge Frankreichs?*
		les moins rapides *die langsamsten (am wenigsten schnellen)*
	Quelles sont les montagnes *Welches sind*	**les plus hautes du** monde ? *die höchsten Gebirge der Welt?*
		les moins hautes *die niedrigsten (am wenigsten hohen)*

Der Superlativ wird gebildet, indem man **le/la/les plus** (Überlegenheit) oder **le/la/les moins** (Unterlegenheit) vor das Adjektiv setzt.

Das Adjektiv gleicht sich auch beim Superlativ in Zahl und Geschlecht dem Substantiv an, auf das es sich bezieht.
Das Bezugswort wird mit der Präposition **de** angeschlossen.

Kurze, häufig gebrauchte Adjektive können auch im Superlativ vor dem Substantiv stehen. Die Bildung des Superlativs erfolgt auf die gleiche Art und Weise.

Nicolas est	le plus jeune	fils	de	notre famille.	*Nicolas ist der kleinste Sohn unserer Familie.*
Marie est	la plus petite	fille	de	notre famille.	*Marie ist die kleinste Tochter unserer Familie.*

! Es gibt allerdings auch unregelmäßige Steigerungsformen:

bon, bonne *gut*	meilleur, e *besser*	le/la meilleur, e *der/die/das beste*
mauvais, e *schlecht*	pire *schlechter*	le/la pire *der/die/das schlechteste*

5 L'adverbe - *Das Adverb*

Die Adverbien dienen zur näheren Bestimmung eines Verbs, Adjektivs, Adverbs oder eines ganzen Satzes.

Die Formen

Die ursprünglichen Adverbien

Adverbien, die nicht von einem Adjektiv abgeleitet werden, nennt man ursprüngliche Adverbien. Sie lassen sich nach bestimmten Gesichtspunkten ordnen:

- Adverbien des Ortes:	**ici, là**
- Adverbien der bestimmten Zeit:	**aujourd'hui, demain, hier, maintenant**
- Adverbien der unbestimmten Zeit:	**déjà, encore, longtemps, souvent, tard, tôt, toujours, après, avant**
- Adverbien der Menge:	**assez, beaucoup, moins, peu, plus, trop**
- Adverbien der Art und Weise:	**bien, ensemble, mal, mieux, vite**

Die abgeleiteten Adverbien

1. Die Adverbien, die von einem Adjektiv abgeleitet werden, nennt man abgeleitete Adverbien.

   Abgeleitete Adverbien bildet man, indem man die Endung **-ment** an die weibliche Form des Adjektivs anhängt.

ADJEKTIV		ADVERB
männlich	weiblich	
fort	forte	fortement
froid	froide	froidement
sérieux	sérieuse	sérieusement

2. Bei Adjektiven, deren männliche und weibliche Form auf **-e** enden, wird die Endung **-ment** an diese Form angehängt.

ADJEKTIV		ADVERB
männlich	weiblich	
terrible	terrible	terriblement
difficile	difficile	difficilement
pratique	pratique	pratiquement
rapide	rapide	rapidement

3. Bei Adjektiven, die auf einem hörbaren Vokal, aber nicht auf **-e** enden, wird **-ment** an die männliche Form angehängt, z. B.:

ADJEKTIV		ADVERB
männlich	weiblich	
vrai	**vraie**	**vraiment**
joli	**jolie**	**joliment**
absolu	**absolue**	**absolument**

Es gibt Ausnahmen, bei denen das Adverb von der weiblichen Form abgeleitet wird:

gai, gaie → **gaiement**
nouveau, nouvelle → **nouvellement**
fou, folle → **follement**

4. Adjektive, die auf **-ant** oder **-ent** enden, bilden ihr Adverb auf **-amment** und **-emment:**

ADJEKTIV		ADVERB
männlich	weiblich	
élégant	**élégante**	**élégamment**
évident	**évidente**	**évidemment**

5. Es gibt außerdem unregelmäßige Adverbformen, z. B.:

ADJEKTIV		ADVERB
männlich	weiblich	
précis	**précise**	**précisément**
énorme	**énorme**	**énormément**
gentil	**gentille**	**gentiment**
bref	**brève**	**brièvement**
bon	**bonne**	**bien**
meilleur	**meilleure**	**mieux**
mauvais	**mauvaise**	**mal**

Die Stellung der Adverbien

1. Die Adverbien des Ortes und der bestimmten Zeit stehen am Satzanfang oder am Satzende

Aujourd'hui, il fait beau. *oder:* **Il fait beau aujourd'hui.**
Heute ist schönes Wetter. *Es ist schönes Wetter heute.*

2. Die meisten anderen Adverbien stehen direkt hinter dem konjugierten Verb.

Philippe regarde toujours la télé. *Philippe sieht immer fern.*
Hier, il a beaucoup travaillé. *Gestern hat er viel gearbeitet.*
Aujourd'hui, il ne fait pratiquement rien. *Heute macht er so gut wie nichts.*
Il veut toujours se reposer. *Er möchte sich immer ausruhen.*

! **Tôt**, **tard** und **ensemble** stehen in zusammengesetzten Zeiten immer hinter dem Participe passé und bei Infinitivkonstruktionen hinter dem Infinitiv.

Nous sommes arrivés tôt. — *Wir sind früh angekommen.*
Nous voulons manger ensemble. — *Wir wollen zusammen essen.*

3. Adverbien, die sich auf den ganzen Satz beziehen, stehen in der Regel am Anfang oder am Ende des Satzes. Sie werden durch ein Komma vom restlichen Satz getrennt.

Malheureusement, je n'ai pas trouvé l'hôtel. — *Leider habe ich das Hotel nicht gefunden.*

Die Steigerung der Adverbien

Das Adverb lässt sich genauso wie das Adjektiv steigern.

POSITIV	Elle court	vite.		
	Sie rennt schnell.			
KOMPARATIV	Elle court	plus	vite	que son ami.
	Sie rennt schneller als ihr Freund.			
	Elle court	moins	vite	que son ami.
	Sie rennt langsamer als ihr Freund.			
	Elle court	aussi	vite	que son ami.
	Sie rennt genauso schnell wie ihr Freund.			
SUPERLATIV	Elle court	le plus	vite	de tous.
	Sie rennt von allen am schnellsten.			
	Elle court	le moins	vite	de tous.
	Sie rennt von allen am langsamsten.			

Der Komparativ des Adverbs wird mit **plus... que** bzw. **moins... que** gebildet, der Vergleich mit **aussi... que**.

Der Superlativ wird mit **le plus... (de)** und **le moins... (de)** gebildet.

! Es gibt allerdings auch unregelmäßige Steigerungsformen:

bien *gut*	**mieux** *besser*	**le mieux** *am besten*
beaucoup *viel*	**plus** *mehr*	**le plus** *am meisten*
peu *wenig*	**moins** *weniger*	**le moins** *am wenigsten*

6 Les pronoms - *Die Pronomen*

Die verbundenen Personalpronomen

Im Gegensatz zu den unverbundenen Personalpronomen, denen wir uns später zuwenden, werden die verbundenen Personalpronomen nur in Verbindung mit einem Verb verwendet.

Die Formen der verbundenen Personalpronomen

SINGULAR	1. Person	**je**	*ich*	
		j'		vor Vokal und stummem h
	2. Person	**tu**	*du*	
	3. Person	**il**	*er*	
		elle	*sie*	
		on	*man*	
PLURAL	1. Person	**nous**	*wir*	
	2. Person	**vous**	*ihr, Sie*	
	3. Person	**ils**	*sie*	männlich
		elles	*sie*	weiblich

1. Da das Französische nur männliche und weibliche Formen kennt, existiert das Personalpronomen **es** im Französischen nicht. Je nachdem, ob es sich um männliche oder weibliche Personen oder Sachen handelt, verwendet man anstelle von *es* **il** oder **elle**, z. B.:

La maison est grande.	*Das Haus ist groß.*
Elle est grande.	*Es ist groß.*

2. Im Deutschen verwendet man sowohl für männliche als auch für weibliche Personen in der 3. Person Plural *sie*. Im Französischen muss man hingegen je nach Geschlecht **ils** oder **elles** wählen, z. B.:

Les garçons, ils jouent bien au tennis.	*Die Jungen, sie spielen gut Tennis.*
Les filles aussi, elles jouent bien au tennis.	*Die Mädchen, sie spielen auch gut Tennis.*

Der Gebrauch der verbundenen Personalpronomen *il, elle, ils, elles*

Monsieur Blin est d'où ?	*Woher kommt Herr Blin?*	**Il** steht für einzelne männliche Personen und Dinge.
Il est de Paris.	*Er kommt aus Paris.*	
Le livre est où ?	*Wo ist das Buch?*	
Il est sur la table.	*Er ist auf dem Tisch.*	
Madame Blin est d'où ?	*Woher kommt Frau Blin?*	**Elle** steht für einzelne weibliche Personen und Dinge.
Elle est aussi de Paris.	*Sie kommt auch aus Paris.*	
La clé est où ?	*Wo ist der Schlüssel?*	
Elle est sur la table.	*Er ist auf dem Tisch.*	

Les garçons sont d'où ?	*Woher kommen die Jungs?*	**Ils** steht für mehrere männliche Personen und Dinge.
Ils sont de Lyon.	*Sie sind aus Lyon.*	
Les livres sont où ?	*Wo sind die Bücher?*	
Ils sont sur la table.	*Sie sind auf dem Tisch.*	
Les filles sont d'où ?	*Woher kommen die Mädchen?*	**Elles** steht für mehrere weibliche Personen und Dinge.
Elles sont de Paris.	*Sie sind aus Paris.*	
Les clés sont où ?	*Wo sind die Schlüssel?*	
Elles sont sur la table.	*Sie sind auf dem Tisch.*	

! Enthält eine Gruppe von Personen oder Dingen mindestens eine männliche Person oder Sache, so verwendet man **ils**.

Les filles et les garçons sont où ? *Wo sind die Jungs und Mädchen?*
Ils sont dans le jardin. *Sie sind im Garten.*

Die Höflichkeitsform *vous*

Das Pronomen **vous** wird auch als Höflichkeitsform für eine oder mehrere männliche oder weibliche Personen verwendet.

Monsieur Noblet, vous êtes fatigué ?	*Sind Sie müde, Herr Noblet?*
Voulez-vous entrer, Madame ?	*Wollen Sie eintreten, meine Dame?*
Mesdames et Messieurs, voulez-vous entrer ?	*Meine Damen und Herren, wollen Sie eintreten?*

Die unverbundenen Personalpronomen

Im Deutschen gibt es keine eigenen Formen für die unverbundenen Personalpronomen.

Die Formen der unverbundenen Personalpronomen

SINGULAR	1. Person	**moi**	*ich*	
	2. Person	**toi**	*du*	
	3. Person	**lui**	*er*	
		elle	*sie*	
PLURAL	1. Person	**nous**	*wir*	
	2. Person	**vous**	*ihr, Sie*	
	3. Person	**eux**	*sie*	männlich
		elles	*sie*	weiblich

Der Gebrauch der unverbundenen Personalpronomen

Die unverbundenen oder betonten Personalpronomen werden verwendet

- nach einer Präposition:	**Est-ce que tu sors avec moi, ce soir ?** **Non, je préfère sortir sans toi.** *Gehst du mit mir aus heute Abend?* *Nein, ich gehe lieber ohne dich aus.*
- zur Hervorhebung eines Subjekts:	**Qu'est-ce que vous faites dans la vie ?** **Moi, je suis pharmacienne.** *Was machen Sie beruflich?* *Ich bin Apothekerin.*
- in verkürzten Sätzen ohne Verb:	**Qui veut apprendre le français ?** **Moi !** *Wer möchte Französisch lernen?* *Ich.*
- nach c'est und ce sont:	**Qui est-ce qui a pris les photos ?** **C'est lui qui a pris les photos.** *Wer hat die Fotos gemacht?* *Er hat die Fotos gemacht.*
- beim bejahten Imperativ:	**Donnez-moi le livre, s'il vous plaît.** *Geben Sie mir bitte das Buch.*

Die direkten Objektpronomen

Die Formen der direkten Objektpronomen

SINGULAR	1. Person	**me/m'**	*mich*	**PLURAL**	1. Person	**nous**	*uns*
	2. Person	**te/t'**	*dich*		2. Person	**vous**	*euch, Sie*
	3. Person	**le/l'**	*ihn, es*		3. Person	**les**	*sie*
		la/l'	*sie*				

Denke daran, vor Vokal und stummem h wird **me**, **te**, **le**, **la** zu **m'**, **t'**, **l'**, **l'**. Insbesondere bei Sätzen im *Passé composé* mit **avoir** wirst du damit ständig konfrontiert. Beispielsweise **je l'ai vu(e)**, **tu l'as vu(e)** etc.

Der Gebrauch der direkten Objektpronomen

Die direkten Objektpronomen ersetzen ein Akkusativobjekt und stimmen in Zahl und Geschlecht mit ihm überein, z. B.:

Est-ce que tu as vu Jean ? Oui, je l'ai vu.	*Hast du Jean gesehen?* *Ja, ich habe ihn gesehen.*
Est-ce que tu as vu les garçons ? Oui, je les ai vus.	*Hast du die Jungs gesehen?* *Ja, ich habe sie gesehen.*
Est-ce que tu as vu Brigitte ? Oui, je l'ai vue.	*Hast du Brigitte gesehen?* *Ja, ich habe sie gesehen.*
Est-ce que tu as vu les filles ? Oui, je les ai vues.	*Hast du die Mädchen gesehen?* *Ja, ich habe sie gesehen.*

Est-ce qu'Eric lit ce livre ? Oui, il le lit.	*Liest Eric dieses Buch?* *Ja, er liest es.*
Est-ce que vous lisez ces livres ? Oui, nous les lisons.	*Lest ihr diese Bücher?* *Ja, wir lesen sie.*
Est-ce que vous lisez cette revue ? Non, nous ne la lisons pas.	*Lest ihr diese Zeitschrift?* *Nein, wir lesen sie nicht.*
Est-ce que vous lisez ces revues ? Non, nous ne les lisons pas.	*Lest ihr diese Zeitschriften?* *Nein, wir lesen sie nicht.*

Die Stellung der direkten Objektpronomen

1. Die direkten Objektpronomen stehen vor dem konjugierten Verb. Wird der Satz verneint, so umschließt die Verneinung das Objektpronomen und das konjugierte Verb. Steht der Satz im *Passé composé* oder im *Plusquamperfekt*, dann stehen die Objektpronomen vor dem konjugierten Hilfsverb.

Tu achètes ce CD ?	– Oui, je l'achète. – Non, je ne l'achète pas.
Kaufst du diese CD?	*– Ja, ich kaufe sie.* *– Nein, ich kaufe sie nicht.*
Est-ce que vous avez acheté les journaux ?	– Oui, nous les avons achetés. – Non, nous ne les avons pas achetés.
Habt ihr die Zeitungen gekauft?	*– Ja, wir haben sie gekauft.* *– Nein, wir haben sie nicht gekauft.*

2. Bei Verben, die einen Infinitiv bei sich haben, steht das direkte Objektpronomen vor dem Infinitiv, auf den sie sich beziehen.

Est-ce que tu vas écouter la radio ?	**- Oui, je vais l'écouter.** **- Non, je ne vais pas l'écouter.**
Wirst du Radio hören?	*- Ja, ich werde es hören.* *- Nein, ich werde es nicht hören.*
Est-ce que tu peux ranger ta chambre ?	**- Oui, je peux la ranger.** **- Non, je ne peux pas la ranger.**
Kannst du dein Zimmer aufräumen?	*- Ja, ich kann es aufräumen.* *- Nein, ich kann es nicht aufräumen.*

3. Bei Imperativen wird das Objektpronomen an den bejahten Imperativ mit Hilfe eines Bindestrichs angehängt.

Maman, est-ce que je peux inviter mes amis ?	**- Oui, invite-les.**
Mama, kann ich meine Freunde einladen?	*- Ja lade sie ein.*

Die indirekten Objektpronomen

Die Formen der indirekten Objektpronomen

SINGULAR	1. Person	me/m'	*mir*
	2. Person	te/t'	*dir*
	3. Person	lui	*ihm, ihr*
PLURAL	1. Person	nous	*uns*
	2. Person	vous	*euch, Ihnen*
	3. Person	leur	*ihnen*

i **Me**, **te**, **nous** und **vous** erleichtern einem das Leben im Französischen sehr, da die direkten und indirekten Objektpronomen dieselbe Form haben.

Der Gebrauch der indirekten Objektpronomen

Die indirekten Objektpronomen ersetzen Dativobjekte, die in der Zahl mit dem Dativobjekt über-einstimmen. Bei den Dativobjekten handelt es sich fast ausschließlich um Personen und Tiere.

Für männliche und weibliche Dativobjekte gibt es jeweils nur ein indirektes Objektpronomen.

	männlich	weiblich
SINGULAR	Tu donnes ton adresse à Jean ? Oui, je lui donne mon adresse. *Gibst du Jean deine Adresse?* *Ja, ich gebe ihm meine Adresse.*	Tu vas répondre à Sandra ? Non, je ne vais pas lui répondre. *Wirst du Sandra antworten?* *Nein, ich werde ihr nicht antworten.*
PLURAL	Vous écrivez à vos amis ? Oui, nous leur écrivons. *Schreibt ihr euren Freunden?* *Ja, wir schreiben ihnen.*	Vous pouvez téléphoner à mes amies ? Oui, nous pouvons leur téléphoner. *Könnt ihr meine Freundinnen anrufen?* *Ja, wir können sie anrufen.*

In der 3. Person Singular und Plural gibt es nur ein indirektes Objektpronomen für männliche oder weibliche indirekte Objekte: **lui** und **leur**, z.B.:

Je lui donne un livre.	*Ich gebe <u>ihm</u> ein Buch.*
Je lui donne un livre.	*Ich gebe <u>ihr</u> ein Buch.*

Die Stellung der indirekten Objektpronomen

1. Die indirekten Objektpronomen stehen vor dem konjugierten Verb, auch bei Sätzen im *Passé composé* oder im Plusquamperfekt. Wird der Satz verneint, so umschließt die Verneinung das Objektpronomen und das konjugierte Verb.

Brigitte, tu téléphones à tes amies ?	**- Oui, je leur téléphone.** **- Non, je ne leur téléphone pas.**
Brigitte, rufst du deine Freundinnen an?	*- Ja, ich rufe sie an.* *- Nein, ich rufe sie nicht an.*
Est-ce que tu as montré les photos à ton copain ?	**- Oui, je lui ai montré les photos.** **- Non, je ne lui ai pas montré les photos.**
Hast du die Fotos deinem Freund gezeigt?	*- Ja, ich habe ihm die Fotos gezeigt.* *- Nein, ich habe ihm die Fotos nicht gezeigt.*

2. Bei Verben, die einen Infinitiv bei sich haben, steht das indirekte Objektpronomen vor dem Infinitiv.

Est-ce que tu vas écrire à ta grand-mère ?	**- Oui je vais lui écrire.** **- Non, je ne vais pas lui écrire.**
Wirst du deiner Großmutter schreiben?	*- Ja, ich werde ihr schreiben.* *- Nein, ich werde ihr nicht schreiben.*

Die Reflexivpronomen

Das Reflexivpronomen, das sich auf die gleiche Person wie das Subjekt des Satzes bezieht, verfügt nur in der 3. Person Singular und Plural über eine eigenständige Form, nämlich **se** bzw. **s'** vor Vokal und stummem h.

In anderen Personen ist das Reflexivpronomen identisch mit den Objektpronomen.

Je	m'	appelle Annie.	*Ich heiße Annie.*
Tu	t'	appelles Jean.	*Du heißt Jean.*
Il / Elle	se	promène en ville.	*Er/ sie geht in der Stadt spazieren.*
Nous	nous	lavons les mains.	*Wir waschen uns die Hände.*
Vous	vous	douchez ce soir.	*Ihr duscht euch heute Abend.*
Ils / Elles	s'	habillent.	*Sie ziehen sich an.*

Wie du an den Übersetzungen der Sätze erkennen kannst, ist nicht jedes französische reflexive Verb auch im Deutschen reflexiv und umgekehrt.

Das Adverbialpronomen *en*

Der Gebrauch von *en*

1. **En** ist ein Pronomen, das bestimmte Ergänzungen, meist Mengen, vertritt und in diesem Zusammenhang oft mit davon übersetzt wird.

   Das Pronomen **en** vertritt Ergänzungen mit **de**.

   Es vertritt

   - **des** + Substantiv:

     Est-ce que tu achètes des fruits ? *Kaufst du Früchte?*
     - Oui, j'en achète. *- Ja, ich kaufe welche.*

   - den Teilungsartikel + Substantiv:

     Est-ce que tu prends de la limonade ? *Nimmst du Limonade?*
     - Oui, j'en prends. *- Ja, ich nehme etwas.*

   - Mengenangabe + Substantiv:

     Tu veux une bouteille de coca ? *Möchtest du eine Flasche Cola?*
     - Oui, j'en veux une. *- Ja, ich möchte eine (davon).*

   - Zahlwort + Substantiv:

     Tu prends dix pommes ? *Nimmst du zehn Äpfel?*
     - Non, j'en prends seulement six. *- Nein, ich nehme nur sechs (Äpfel).*

   Vertritt **en** eine Mengenangabe, ein Zahlwort oder **un/une** + Substantiv, so wird die Mengenangabe, das Zahlwort oder der unbestimmte Artikel im nachfolgenden Satz wieder aufgegriffen.

2. **En** vertritt auch andere Ergänzungen mit **de**.

   In diesen Fällen wird **en** oft mit *davon*, *darüber*, *von dort* und *dorther* übersetzt.

   Das Pronomen **en** vertritt Ergänzungen mit **de** + Sachsubstantiven, z. B. nach den Verben **parler de, rêver de, revenir de, se souvenir de, rentrer de** usw.:

   Tu es déjà rentré du Portugal ? *Bist du schon aus Portugal zurück?*
   - Oui, j'en suis rentré hier, mais j'en rêve encore. *- Ja, ich bin gestern (von dort) zurückgekommen, aber ich träume noch davon.*

! Achtung! Folgt auf die Präposition **de** ein Personensubstantiv, so übernehmen die betonten Personalpronomen seine Vertretung, z. B.:

Tu te souviens d'Annette ? *Erinnerst du dich an Annette?*
Non, je ne me souviens pas d'elle. *Nein, ich erinnere mich nicht an sie.*

Die Stellung von *en*

1. Das Pronomen **en** steht vor dem konjugierten Verb. Wird der Satz verneint, so umschließt die Verneinung **en** und das konjugierte Verb. Steht der Satz im Passé composé oder im Plusquamperfekt, dann steht **en** vor dem konjugierten Hilfsverb.

   Est-ce que tu prends du beurre ? *Nimmst du Butter?*
   - Oui, j'en prends. *- Ja, ich nehme davon.*
   - Non, je n'en prends pas. *- Nein, ich nehme keine.*

Est-ce que Martin a acheté du beurre hier ?	*Hat Martin gestern Butter gekauft?*
- Oui, il en a acheté.	*- Ja, er hat welche gekauft.*
- Non, il n'en a pas acheté.	*- Nein, er hat keine gekauft.*

2. Bei Verben, auf die ein Infinitiv folgt, steht **en** vor dem Infinitiv.

Nous n'avons plus de pain.	*Wir haben kein Brot mehr.*
Alors je vais en acheter tout de suite.	*Dann werde ich gleich welches kaufen.*

3. Bei Imperativen wird **en** an den bejahten Imperativ mit Hilfe eines Bindestrichs angehängt.

Est-ce que je peux prendre du fromage ?	*Kann ich vom Käse nehmen?*
- Oui, prends-en.	*- Ja, nimm dir davon.*

! Aber aufgepasst! Bei den Verben auf **-er** wird an den Imperativ Singular des Verbs ein **-s** angehängt.

Est-ce que je peux manger du pain ?	*Kann ich Brot essen?*
- Oui, manges-en.	*- Ja, iss davon.*

! Das Adverbialpronomen **en** findest du auch in folgenden Wendungen:

Tu m'en veux ?	*Bist du mir böse?*
Je n'en peux plus.	*Ich kann nicht mehr.*
J'en ai assez.	*Ich habe es satt.*
Va-t'en.	*Verschwinde! Geh weg.*

Das Adverbialpronomen *y*

Der Gebrauch von *y*

Das Pronomen **y** vertritt

- Ortsbestimmungen, die durch Präpositionen wie **à, dans, en, chez,sur** etc. eingeleitet werden:

Est-ce que vous habitez à Paris ?	*Wohnt ihr in Paris?*
- Oui, nous y habitons.	*- Ja, wir wohnen dort.*

- Ergänzungen mit **à** + Sachsubstantiven:

Est-ce que tu penses à Noël ?	*Denkst du an Weihnachten?*
- Oui, j'y pense toujours.	*- Ja, ich denke immer daran.*

! Ortsbestimmungen, die durch **de** eingeleitet werden, werden durch **en** ersetzt.

Die Stellung von *y*

1. Das Pronomen **y** steht vor dem konjugierten Verb. Wird der Satz verneint, so umschließt die Verneinung **y** und das konjugierte Verb.

   Steht der Satz im *Passé composé* oder im Plusquamperfekt, dann steht **y** vor dem konjugierten Hilfsverb.

Est-ce que vous allez en France ?	*Fahrt ihr nach Frankreich?*
- Oui, nous y allons.	*- Ja, wir fahren dorthin.*
- Non, nous n'y allons pas.	*- Nein, wir fahren nicht dorthin.*

Est-ce que tu as acheté ton pain dans ce supermarché ?	*Hast du dein Brot in diesem Supermarkt gekauft?*
- Oui, j'y ai acheté mon pain.	*- Ja, ich habe mein Brot dort gekauft.*
- Non, je n'y ai pas acheté mon pain.	*- Nein, ich habe mein Brot nicht dort gekauft.*

2. Bei Verben, auf die ein Infinitiv folgt, steht **y** vor dem Infinitiv.

J'ai oublié mon porte-monnaie à la boulangerie.	*Ich habe meinen Geldbeutel in der Bäckerei vergessen.*
Alors je vais y aller tout de suite.	*Dann werde ich gleich dorthin gehen.*

3. Bei Imperativen wird **y** an den bejahten Imperativ mit Hilfe eines Bindestrichs angehängt. Aber aufgepasst! Bei den Verben auf **-er** sowie bei dem unregelmäßigen Verb aller wird an den Imperativ Singular ein **-s** angehängt.

Vas-y.	*Geh dorthin.*

Die Stellung der Pronomen bei mehreren Pronomen im Satz

! Wenn mehrere Pronomen in einem Satz auftreten, so erscheinen sie in einer bestimmten Reihenfolge:

me					
	le				
te		lui			
	la		y	en	
					+ konjugierte Verbform oder Infinitiv
se		leur			
	les				
nous					
vous					

Es können bis zu zwei Pronomen vor dem konjugierten Verb oder Infinitiv stehen:

me te se nous vous *vor* **le la les :**

Maman, est-ce que tu me racontes l'histoire ?
Mama, erzählst du mir die Geschichte?

- Oui, je te la raconte tout de suite.
- Ja, ich erzähle sie dir gleich.

le la les *vor* **lui leur :**

Ah les photos de l'excursion ! Tu les as déjà montré à Marc ?
Ah, die Fotos vom Ausflug! Hast du sie schon Marc gezeigt?

- Non, je ne les lui ai pas encore montrés.
- Nein, ich habe sie ihm noch nicht gezeigt.

me te se nous vous lui leur	*vor*	y en :
Est-ce que tu peux nous parler de tes vacances ?		– Oui, je vais vous en parler tout de suite.
Kannst du uns von deinen Ferien erzählen?		*– Ja, ich werde euch gleich davon erzählen.*

y	*vor*	en :
Il y a encore du coca ?		– Oui, il y en a encore.
Ist noch Cola da?		*– Ja, es ist noch welche da.*

Die Demonstrativbegleiter

Die Formen der Demonstrativbegleiter

	VOR KONSONANT		VOR VOKAL		VOR STUMMEM H	
männliche Formen						
Singular	ce	train	cet	arbre	cet	hôtel
Plural	ces	trains	ces	arbres	ces	hôtels

	VOR KONSONANT		VOR VOKAL		VOR STUMMEM H	
weibliche Formen						
Singular	cette	ville	cette	information	cette	histoire
Plural	ces	villes	ces	informations	ces	histoires

Der Demonstrativbegleiter im Singular lautet für männliche Substantive **ce** und für weibliche Substantive **cette**. Vor Vokal und stummem h wird **ce** zu **cet**. Im Plural gibt es für männliche und weibliche Substantive nur eine Form, nämlich **ces**.

Der Gebrauch der Demonstrativbegleiter

Die Demonstrativbegleiter werden benutzt, um auf bestimmte Gegenstände oder Personen hinzuweisen.

Il faut lire ce livre. — *Man muss dieses Buch lesen.*

! Die Demonstrativbegleiter gebraucht man auch in folgenden Wendungen, die du dir am besten gleich einprägst:

ce matin — *heute Morgen*
cet après-midi — *heute Nachmittag*
ce soir — *heute Abend*

Die Demonstrativpronomen

Die Formen der Demonstrativpronomen

	MÄNNLICH	WEIBLICH
Singular	celui	celle
Plural	ceux	celles

Der Gebrauch der Demonstrativpronomen

Während die Demonstrativbegleiter immer vor einem Substantiv stehen, ersetzen die Demonstrativpronomen das Substantiv. Sie stehen jedoch nie alleine. Sie werden gefolgt von:

- einer Ergänzung mit Präposition (z.B. **de**, **à** oder **pour**)

  Ce n'est pas le livre de Nicolas, c'est celui de Pascale.
  Das ist nicht Nicolas Buch, es ist das von Pascale.

- einem Relativsatz
  Tu as pris toutes les BD ? - Non, j'ai seulement pris celles qui m'intéressent.
  Hast du alle Comics mitgenommen? - Nein, ich habe nur die genommen, die mich interessieren.

- oder dem Stützwort **-ci** oder **-là**. Dabei weist **-ci** auf etwas Näheres hin bzw. auf das Erstgenannte und **-là** auf etwas Ferneres bzw. das Letztgenannte.

  Tu prends quel pantalon ? Celui-ci ou celui-là ? - Je préfère celui-là.
  Welche Hose kaufst du? Die hier oder die da drüben? - Ich mag die da lieber.

Die Possessivbegleiter

Die Formen der Possessivbegleiter

	SUBSTANTIV SINGULAR				SUBSTANTIV PLURAL	
Ein Besitzer	männlich		weiblich		männlich + weiblich	
1. Person	mon	frère	ma	sœur	mes	frères/amis
	mon	ami	mon	amie	mes	sœurs/amies
2. Person	ton	frère	ta	sœur	tes	frères/amis
	ton	ami	ton	amie	tes	sœurs/amies
3. Person	son	frère	sa	sœur	ses	frères/amis
	son	ami	son	amie	ses	sœurs/amies
Mehrere Besitzer						
1. Person	notre	frère	notre	sœur	nos	frères
					nos	sœurs
2. Person	votre	frère	votre	sœur	vos	frères
					vos	sœurs
3. Person	leur	frère	leur	sœur	leurs	frères
					leurs	sœurs

Im Gegensatz zum Deutschen richtet sich der Possessivbegleiter im Französischen nicht nach dem Geschlecht des Besitzers, sondern nach der Zahl und dem Geschlecht des Besitzes.

Aufgepasst! Wenn ein weibliches Substantiv mit Vokal oder stummem h beginnt, so stehen in der 1., 2. und 3. Person Singular die Possessivbegleiter **mon**, **ton** und **son** vor dem Substantiv, auf das sie sich beziehen.

Der Gebrauch der Possessivbegleiter

Die Possessivbegleiter werden verwendet, um ein Besitz- oder ein Zugehörigkeitsverhältnis zum Ausdruck zu bringen.

Sur la table, il y a mon livre. — *Auf dem Tisch befindet sich mein Buch.*
Je vais passer les vacances avec mes parents. — *Ich werde die Ferien mit meinen Eltern verbringen.*

Die Possessivpronomen

Die Formen der Possessivpronomen

	SUBSTANTIV SINGULAR		SUBSTANTIV PLURAL	
Ein Besitzer	männlich	weiblich	männlich	weiblich
1. Person	le mien	la mienne	les miens	les miennes
2. Person	le tien	la tienne	les tiens	les tiennes
3. Person	le sien	la sienne	les siens	les siennes
Mehrere Besitzer				
1. Person	le nôtre	la nôtre	les nôtres	les nôtres
2. Person	le vôtre	la vôtre	les vôtres	les vôtres
3. Person	le leur	la leur	les leurs	les leurs

Wie bei den Possessivbegleiter, richtet sich auch das Possessivpronomen nach dem Geschlecht und der Zahl des Besitzes.

Der Gebrauch der Possessivpronomen

Während die Possessivbegleiter immer vor einem Substantiv stehen, stehen die Possessivpronomen anstelle des Substantivs. Sie stehen alleine.

C'est le vélo de ton frère ? - Oui, c'est le sien.
Ist das das Fahrrad deines Bruders? - Ja, das ist seines.
C'est le portable de Marc ? - Non, c'est le mien.
Ist das Marcs Handy? - Nein, das ist meines.

! Das Possessivpronomen kannst du auch in folgenden Wendungen erkennen:

À la tienne !/ À la vôtre !	*Prost! Auf dein/ euer/ Ihr Wohl!*
les miens/ les siens	*meine/ seine Familie, meine/seine Angehörigen* (wörtl. *die Meinen/ die Seinen)*

Die Indefinitpronomen

aucun

Est-ce qu'il y a un problème ou une question ?
Gibt es ein Problem oder eine Frage?
- Non, nous n'avons aucun problème et aucune question.
- *Nein, wir haben kein Problem und keine Frage.*

Aucun stimmt im Genus mit seinen Bezugselementen überein. Tritt es hingegen in verneinten Sätzen auf, so wird es von der Negation **ne** begleitet und mit *kein* übersetzt.

certain

certain als Begleiter des Substantivs

Certain als Begleiter des Substantivs wird in der Bedeutung *gewisse(n)*, *bestimmte(n)* oder *einige(n)* verwendet.

		MÄNNLICH			WEIBLICH	
Singular	**Il y a**	**un certain**	**problème**	**avec**	**une certaine**	**personne.**
	Es gibt ein bestimmtes Problem			mit einer gewissen Person.		
Plural	**Il y a**	**certains**	**problèmes**	**avec**	**certaines**	**personnes.**
	Es gibt einige Probleme			mit einigen Leuten.		

Wenn **certain** als Begleiter des Substantivs verwendet wird, so gleicht es sich in Zahl und Geschlecht dem Substantiv an, auf das es sich bezieht.

Im Singular steht vor **certain**, **certaine** der unbestimmte Artikel **un** oder **une**, der im Plural entfällt.

certains als Stellvertreter des Substantivs

Tous mes amis veulent faire une fête, mais certains ne veulent pas m'aider à la préparer.
All meine Freunde wollen eine Feier machen, aber einige wollen mir nicht dabei helfen, sie vorzubereiten.

Wenn **certains** als Stellvertreter des Substantivs gebraucht wird, kann es im Deutschen mit *einige*, *gewisse* oder *bestimmte* übersetzt werden.

Certains ist in dieser Funktion unveränderlich. Das Verb wird in der 3. Person Plural angeschlossen.

chaque, chacun

Chaque ist ein unveränderlicher Begleiter des Substantivs.

J'adore chaque roman de Pennac. — *Ich mag jeden Roman von Pennac.*
Chaque été nous partons en vacances à la mer. — *Wir fahren jeden Sommer in den Ferien ans Meer.*

Chacun und **chacune** ersetzen ein Substantiv. Sie werden nur im Singular gebraucht.

Chacun steht für männliche Substantive. **Chacune** ersetzt weibliche Substantive.

Il dit bonjour à chacun et à chacune. — *Er sagt jedem und jeder guten Tag.*

Das unpersönliche *on*

On wird in der Umgangssprache häufig für **nous** verwendet und wird mit *wir* übersetzt.

Vous êtes où ? — *Wo seid ihr?*
Nous sommes ici. — *Wir sind hier.*
On est ici. — *Wir sind hier.*

On kann auch für das deutsche *man* stehen.

On dit que... — *Man sagt, dass ...*

plusieurs

Plusieurs in der Bedeutung von *mehrere* ist unveränderlich und steht als

- Begleiter des Substantivs:

  On a vendu plusieurs jupes et pantalons. — *Wir haben mehrere Röcke und Hosen verkauft.*

- Stellvertreter des Substantivs:

  Plusieurs sont bon marché. — *Mehrere sind günstig.*

quelqu'un/quelque chose - personne/rien

Quelqu'un est venu.
Jemand ist gekommen.
Quelque chose me fait plaisir.
Etwas macht mir Spaß.
J'ai vu quelqu'un.
Ich habe jemanden gesehen.
J'ai trouvé quelque chose.
Ich habe etwas gefunden.

Personne n'est venu.
Niemand ist gekommen.
Rien ne me fait plaisir.
Nichts macht mir Spaß.
Je n'ai vu personne.
Ich habe niemanden gesehen.
Je n'ai rien trouvé.
Ich habe nichts gefunden.

Quelqu'un und **quelque chose** werden als Subjekt und Objekt in bejahenden Sätzen verwendet.

Personne und **rien** stehen in verneinenden Sätzen in Verbindung mit dem Verneinungselement **ne**.

quelque(s)

Il me faut quelque temps pour terminer le livre.
Ich benötige einige Zeit, um das Buch zu beenden.
Je vais acheter quelques livres.
Ich werde einige Bücher kaufen.
Plus tard, je vais acheter aussi quelques pommes.
Später werde ich auch einige Äpfel kaufen.

Quelque als Begleiter des Substantivs gleicht sich in der Zahl dem Substantiv an.

Quelque steht im Singular vor männlichen und weiblichen Substantiven ohne Artikel. Es wird meistens literarisch gebraucht.

Quelques steht im Plural vor männlichen oder weiblichen Substantiven, die von dem bestimmten Artikel oder einem Demonstrativpronomen begleitet werden oder aber ohne Artikel stehen.

tout

tout als Begleiter des Substantivs

	MÄNNLICH		WEIBLICH	
Philippe a vu				
Singular	tout	le Portugal,	toute	la France,
Plural	tous	les pays,	toutes	les capitales.

Philippe hat ganz Portugal/ ganz Frankreich/ alle Länder/ alle Hauptstädte gesehen.

Tout ist veränderlich und richtet sich in Geschlecht und Zahl nach dem zugehörigen Substantiv.

Nach **tout** folgt meist der bestimmte Artikel. Anstelle des bestimmten Artikels können auch Possessivpronomen oder Demonstrativpronomen folgen, z. B. **toutes mes amies**, **toute ma famille**.

! **Tout le monde** bedeutet in der Regel *alle* und bezieht sich auf eine Menge von Personen (nicht von Sachen).

Tout + bestimmter Artikel wird gebraucht, um *der/die/das Ganze* oder *alle* zum Ausdruck zu bringen.

Nous nous sommes promenés tout l'après-midi.	*Wir sind den ganzen Nachmittag spazieren gegangen.*

Das unveränderliche *tout*

Tout ist in der Bedeutung von *alles* unveränderlich:

Est-ce que tu as tout mangé ?	*Hast du alles gegessen?*

7 La négation - *Die Verneinung*

Die Verneinungselemente

Die Verneinung wird aus dem Verneinungselement **ne** und einem weiteren Verneinungswort gebildet. Steht **ne** vor Vokal oder stummem h, so verkürzt es sich zu **n'**.

Anders als im Deutschen besteht die französische Verneinung aus zwei Wörtern.

Folgende Verneinungselemente gibt es im Französischen:

ne... pas	*nicht*
ne... plus	*nicht mehr*
ne... jamais	*nie*
ne... plus jamais	*nie mehr*
ne... rien	*nichts*
ne... plus rien	*nichts mehr*
ne... personne	*niemand*
ne... plus personne	*niemand mehr*
ne... pas encore	*noch nicht*
ne... toujours pas	*immer noch nicht*
ne... pas toujours	*nicht immer*
ne... ni... ni	*weder ... noch*
ne... pas... ni	*weder ... noch*
ne... pas... du tout	*überhaupt nicht*

Wenn du willst, kannst du in der Umgangssprache im Gespräch das Element **ne** auch weglassen, denn dies machen die Franzosen gerne. In der Schriftsprache muss **ne** allerdings immer benutzt werden, daran führt kein Weg vorbei.

Die Stellung der Verneinungselemente

Im Folgenden haben wir für dich aufgeführt, wie sich die Verneinungselemente in einem Satz verhalten.

Le pauvre Luc !					*Der arme Luc!*
Il	ne	sait	pas	conduire.	*Er kann nicht Auto fahren.*
Il	n'	habite	plus	ici.	*Er wohnt nicht mehr hier.*
Il	ne	va	jamais	au théâtre.	*Er geht nie ins Theater.*
Il	ne	mange	plus jamais	dans un restaurant.	*Er isst nie mehr im Restaurant.*
Il	ne	lit	rien.		*Er liest nichts.*
Il	ne	fait	plus rien.		*Er macht nichts mehr.*
Il	ne	voit	personne.		*Er trifft niemanden.*
Il	ne	connaît	plus personne.		*Er kennt niemanden mehr.*
Il	ne	sait	pas encore	faire la cuisine.	*Er kann noch nicht kochen.*
Il	n'	est	toujours pas	heureux.	*Er ist immer noch nicht glücklich.*
Il	n'	a	pas toujours	envie de se lever.	*Er hat nicht immer Lust aufzustehen.*
Il	n'	aime	ni sa femme ni son fils.		*Er mag weder seine Frau noch seinen Sohn*
Il	n'	aime	pas sa femme, ni son fils d'ailleurs !		*Er maq seine Frau nicht und übrigens seinen Sohn auch nicht!*
Il	ne	veut	ni faire les courses ni manger.		*Er möchte weder einkaufen noch essen.*
Il	ne	veut	pas boire, ni manger d'ailleurs !		*Er möchte nichts trinken und übrigens auch nichts essen!*
Il	n'	est	pas content du tout.		*Er ist überhaupt nicht glücklich.*

La négation – Die Verneinung

Die Stellung der Verneinungselemente

1. Die Verneinungselemente umschließen in einfachen Zeiten und im Imperativ das konjugierte Verb:

ne **n'**	konjugiertes Verb	**pas** **plus** **rien** **personne** etc.	**Je n'aime pas les maths.** *Ich mag Mathe nicht.*

2. Dies gilt auch bei Infinitivkonstruktionen, außer bei der Verneinung mit **ne… personne:**

ne **n'**	konjugiertes Verb	**pas** **plus** **rien** etc.	Infinitiv	**Je n'aime pas jouer au foot.** *Ich spiele nicht gerne Fußball.*

! **Ne… personne** umschließt das konjugierte Verb und den Infinitiv:

ne **n'**	konjugiertes Verb	Infinitiv	**personne**	**Elle est très timide, elle ne veut rencontrer personne.** *Sie ist sehr schüchtern, sie möchte niemanden treffen.*

3. Steht ein Reflexivpronomen, ein direktes oder indirektes Objektpronomen bzw. **en** oder **y** vor dem konjugierten Verb, so umschließt die Verneinung die Gruppe aus Pronomen und Verb:

ne **n'**	Pronomen konjugiertes Verb	**pas** **plus** **rien** **personne** etc.	**Il ne lui a pas téléphoné.** *Er hat ihn nicht angerufen.*

4. In zusammengesetzten Zeiten umschließen die Verneinungselemente das Hilfsverb, außer bei der Verneinung **ne... personne**.

ne **n'**	**avoir/être**	**pas** **plus** **rien** etc.	Partizip	**Tu n'as pas vu les autres ?** *Hast du die anderen nicht gesehen?*

! **Ne... personne** umschließt das Hilfsverb und das Partizip:

ne **n'**	**avoir/être**	Partizip	**personne**	**Non, je n'ai vu personne.** *Nein, ich habe niemanden gesehen.*

i Merke dir, dass **ne** immer links von dem konjugierten Verb und **pas**, **plus**, **jamais** usw. rechts davon stehen.

Die Verneinung in Verbindung mit Mengen

Bei Verneinungen in Verbindung mit Mengenangaben drückt die Verneinung die Menge Null aus.

Zwischen der Verneinung und dem folgenden Substantiv steht **de**.
Vor Vokal und stummem h wird **de** zu **d'**:

Je	**n'**	**ai**	**pas**	**d'**	**oranges.**	*keine*
			plus	**de**	**pommes.**	*keine ... mehr*
			jamais	**de**	**viande.**	*nie*

La négation - Die Verneinung

Die Verneinung in Verbindung mit Mengen

! **Un, une** oder **des** werden in der Verneinung zu **de**:

	un	restaurant	
Est-ce qu'il y a	une	école	près d'ici ?
	des	hôtels	
	de	restaurant	
- Non, monsieur, il n'y a pas	d'	école	près d'ici.
	d'	hôtels	

Gibt es hier in der Nähe ein Restaurant/eine Schule/Hotels?
- Nein, es gibt hier in der Nähe kein Restaurant/keine Schule/keine Hotels.

! Werden jedoch die Verben **être**, **aimer** oder **détester** verneint, so steht kein **de**.

Bei **aimer** und **détester** folgt der bestimmte Artikel:

Je	n'	aime	pas	les	oranges.	*Ich mag keine Orangen.*
Je	ne	déteste	pas	les	poires.	*Ich hasse Birnen nicht.*

Bei **être** folgt der unbestimmte Artikel:

Est-ce que c'est un chien ?	- Non, ce n'est pas un chien. C'est un chat.
Ist das ein Hund?	*- Nein, das ist kein Hund. Das ist eine Katze.*
Est-ce que ce sont des fraises bon marché ?	- Non, ce ne sont pas des fraises bon marché. Elles sont chères.
Sind das billige Erdbeeren?	*- Nein, das sind keine billigen Erdbeeren. Sie sind teuer.*

8 La conjugaison des verbes - *Die Verbkonjugation*

Die Bildung der Verben auf *-er* im Präsens

Die regelmäßigen Verben auf *-er*

Es lohnt sich, die Konjugation der Verben auf **-er** zu lernen, da die meisten dieser Verben regelmäßig sind und sie rund 90% der französischen Verben ausmachen.

Die Konjugation der Verben auf **-er** lautet im Präsens wie folgt:

parler	
je	**parle**
tu	**parles**
il / elle / on	**parle**
nous	**parlons**
vous	**parlez**
ils / elles	**parlent**

Die Verben auf **-er** haben die Endungen **-e**, **-es**, **-e, -ons**, **-ez**, **-ent**. Allerdings kann man in der gesprochenen Sprache nur die Endungen **-ons** und **-ez** hören, da alle anderen Endungen fast stumm sind.

Die Verben auf *-er* mit Besonderheiten in der Schreibweise

Die Verben, die auf **-cer** und **-ger** enden, weisen Besonderheiten im Schriftbild auf:

commencer	
je	**commence**
tu	**commences**
il / elle / on	**commence**
nous	**commençons**
vous	**commencez**
ils / elles	**commencent**

manger	
je	**mange**
tu	**manges**
il / elle / on	**mange**
nous	**mangeons**
vous	**mangez**
ils / elles	**mangent**

Damit die Aussprache des Stammes immer erhalten bleibt, wird bei den Verben
- auf **-cer** in der 1. Person Plural **-c-** zu **-ç-**.
- auf **-ger** in der 1. Person Plural **-g-** zu **-ge-**.

Die Verben auf *-ayer*, *-oyer* und *-uyer*

Die Konjugation der Verben auf **-ayer** lautet wie folgt:

payer	
je	**paie/paye**
tu	**paies/payes**
il / elle / on	**paie/paye**
nous	**payons**
vous	**payez**
ils / elles	**paient/payent**

Bei den Verben, die auf **-ayer** enden, wird meist das **-y-** in der 1., 2. und 3. Person Singular sowie in der 3. Person Plural zu **-i-**. Die Formen mit **-y-** existieren jedoch ebenfalls.

Das Konjugationsmuster der Verben, die auf **-oyer** und **-uyer** enden, lautet wie folgt:

nettoyer	
je	**nettoie**
tu	**nettoies**
il / elle / on	**nettoie**
nous	**nettoyons**
vous	**nettoyez**
ils / elles	**nettoient**

essuyer	
j'	**essuie**
tu	**essuies**
il / elle / on	**essuie**
nous	**essuyons**
vous	**essuyez**
ils / elles	**essuient**

Bei den Verben auf **-oyer** und **-uyer** wird das **-y-** in der 1., 2. und 3. Person Singular sowie in der 3. Person Plural zu **-i-**.

Verben auf *-er* mit stamm- und endungsbetonten Formen

Einige Verben auf **-er** ändern ihren Verbstamm, je nachdem, ob es sich um stammbetonte Formen (1., 2. und 3. Person Singular sowie 3. Person Plural) oder endungsbetonte Formen (1. und 2. Person Plural) handelt.

1. Wenn man die Endung fast nicht hört, erhält das **-e** des Stammes einen Akzent.

acheter	
j'	**achète**
tu	**achètes**
il / elle / on	**achète**
nous	**achetons**
vous	**achetez**
ils / elles	**achètent**

Nach diesem Konjugationsmuster werden auch folgende Verben konjugiert: **enlever, lever, mener, peser** usw.

2. Andere Verben verdoppeln im Stamm einen Konsonanten, wenn die Form stammbetont ist.

jeter	
je	**jette**
tu	**jettes**
il / elle / on	**jette**
nous	**jetons**
vous	**jetez**
ils / elles	**jettent**

Nach diesem Konjugationsmuster werden auch folgende Verben konjugiert: **s'appeler, se rappeler, épeler, projeter** usw.

3. Verben, die auf **-é...er** enden, haben in den stammbetonten Formen ein **-è-** und in den endungsbetonten Formen ein **-é-**.

préférer	
je	**préfère**
tu	**préfères**
il / elle / on	**préfère**
nous	**préférons**
vous	**préférez**
ils / elles	**préfèrent**

Nach diesem Konjugationsmuster werden auch folgende Verben konjugiert: **compléter, espérer, répéter, exagérer** usw.

Die Bildung der Verben auf *-ir* im Präsens

Die Verben auf **-ir** werden in Verben mit und ohne Stammerweiterung unterteilt. Insgesamt gibt es ungefähr 300 Verben, die auf **-ir** enden.

ℹ Lerne bei jedem Verb, das auf **-ir** endet, gleich mit, ob es sich um ein Verb mit oder ohne Stammerweiterung handelt.

Verben auf *-ir* ohne Stammerweiterung

Die Verben auf **-ir** ohne Stammerweiterung haben im Präsens die Endungen **-s, -s, -t, -ons, -ez, -ent**.

In der 1., 2. und 3. Person Singular fällt der Endkonsonant weg.

partir	
je	**pars**
tu	**pars**
il / elle / on	**part**
nous	**partons**
vous	**partez**
ils / elles	**partent**

Verben auf *-ir* mit Stammerweiterung

Die Verben auf **-ir** mit Stammerweiterung haben dieselben Endungen wie die Verben ohne Stammerweiterung. Sie enden auf **-s, -s, -t, -ons, -ez, -ent**. Außerdem wird in der 1., 2. und 3. Person Plural **-iss-** vor der Endung hinzugefügt.

finir	
je	**finis**
tu	**finis**
il / elle / on	**finit**
nous	**finissons**
vous	**finissez**
ils / elles	**finissent**

Nach diesem Konjugationsmuster werden auch folgende Verben konjugiert: **applaudir**, **choisir**, **réussir**, **réfléchir** usw.

Die Bildung der Verben auf *-re* im Präsens

Diese Verbgruppe umfasst ungefähr 180 Verben, wovon viele unregelmäßig sind. Es ist deshalb ratsam, zu jedem neu gelernten Verb die Konjugation gleich mitzulernen.

lire	
je	**lis**
tu	**lis**
il / elle / on	**lit**
nous	**lisons**
vous	**lisez**
ils / elles	**lisent**

Die Verben auf **-re** enden in der Regel auf **-s, -s, -t, -ons, -ez, -ent**.

Da sie aber oft einen unregelmäßigen Stamm haben, muss man jedes Verb einzeln lernen.

attendre	
j'	attends
tu	attends
il / elle / on	attend
nous	attendons
vous	attendez
ils / elles	attendent

Das Konjugationsmuster der Verben auf **-dre** ist ähnlich bis auf eine Ausnahme.

Die Verben auf **-dre** haben die Endungen **-s**, **-s**, **/**, **-ons**, **-ez**, **-ent**, d.h. dass in der 3. Person Singular bei diesen Verben keine Endung angehängt wird. Ähnlich werden **entendre**, **perdre**, **vendre** usw. gebildet.

Die wichtigsten unregelmäßigen Verben im Präsens

INFINITIV	VERBFORMEN			
avoir	j'	ai	nous	avons
	tu	as	vous	avez
	il / elle / on	a	ils / elles	ont
être	je	suis	nous	sommes
	tu	es	vous	êtes
	il / elle / on	est	ils / elles	sont
aller	je	vais	nous	allons
	tu	vas	vous	allez
	il / elle / on	va	ils / elles	vont

La conjugaison des verbes - Die Verbkonjugation

Die wichtigsten unregelmäßigen Verben im Präsens

					EBENSO
boire	je	bois	nous	buvons	
	tu	bois	vous	buvez	
	il / elle / on	boit	ils / elles	boivent	
conduire	je	conduis	nous	conduisons	construire, cuire, traduire
	tu	conduis	vous	conduisez	
	il / elle / on	conduit	ils / elles	conduisent	
connaître	je	connais	nous	connaissons	disparaître, paraître
	tu	connais	vous	connaissez	
	il / elle / on	connaît	ils / elles	connaissent	
courir	je	cours	nous	courons	concourir, parcourir
	tu	cours	vous	courez	
	il / elle / on	court	ils / elles	courent	
craindre	je	crains	nous	craignons	atteindre, contraindre, joindre, se plaindre
	tu	crains	vous	craignez	
	il / elle / on	craint	ils / elles	craignent	
croire	je	crois	nous	croyons	
	tu	crois	vous	croyez	
	il / elle / on	croit	ils / elles	croient	

					EBENSO
devoir	je	dois	nous	devons	
	tu	dois	vous	devez	
	il / elle / on	doit	ils / elles	doivent	
dire	je	dis	nous	disons	contredire, interdire
	tu	dis	vous	dites	
	il / elle / on	dit	ils / elles	disent	
écrire	j'	écris	nous	écrivons	décrire, inscrire
	tu	écris	vous	écrivez	
	il / elle / on	écrit	ils / elles	écrivent	
faire	je	fais	nous	faisons	
	tu	fais	vous	faites	
	il / elle / on	fait	ils / elles	font	
falloir	il	faut			
mettre	je	mets	nous	mettons	permettre, promettre, transmettre
	tu	mets	vous	mettez	
	il / elle / on	met	ils / elles	mettent	
mourir	je	meurs	nous	mourons	
	tu	meurs	vous	mourez	
	il / elle / on	meurt	ils / elles	meurent	

					EBENSO
offrir	j' tu il elle on	offre offres offre	nous vous ils elles	offrons offrez offrent	découvrir, ouvrir, souffrir
plaire	je tu il elle on	plais plais plaît	nous vous ils elles	plaisons plaisez plaisent	
pleuvoir	il	pleut			
pouvoir	je tu il elle on	peux peux peut	nous vous ils elles	pouvons pouvez peuvent	
prendre	je tu il elle on	prends prends prend	nous vous ils elles	prenons prenez prennent	comprendre, surprendre
recevoir	je tu il elle on	reçois reçois reçoit	nous vous ils elles	recevons recevez reçoivent	
rire	je tu il elle on	ris ris rit	nous vous ils elles	rions riez rient	

					EBENSO
savoir	je	sais	nous	savons	
	tu	sais	vous	savez	
	il / elle / on	sait	ils / elles	savent	
suivre	je	suis	nous	suivons	poursuivre
	tu	suis	vous	suivez	
	il / elle / on	suit	ils / elles	suivent	
venir	je	viens	nous	venons	appartenir, devenir, soutenir, tenir
	tu	viens	vous	venez	
	il / elle / on	vient	ils / elles	viennent	
valoir	je	vaux	nous	valons	
	tu	vaux	vous	valez	
	il / elle / on	vaut	ils / elles	valent	
vivre	je	vis	nous	vivons	survivre
	tu	vis	vous	vivez	
	il / elle / on	vit	ils / elles	vivent	
voir	je	vois	nous	voyons	
	tu	vois	vous	voyez	
	il / elle / on	voit	ils / elles	voient	

vouloir	je	veux	nous	voulons
	tu	veux	vous	voulez
	il / elle / on	veut	ils / elles	veulent

Die Bildung der reflexiven Verben

Die reflexiven Verben haben ein Reflexivpronomen bei sich, das sich auf das Subjekt bezieht. Ansonsten werden sie wie alle anderen Verben behandelt.

Im Gegensatz zum Deutschen stehen die Reflexivpronomen im Französischen vor dem konjugierten Verb:

s'habiller		
je	**m'**	**habille**
tu	**t'**	**habilles**
il / elle / on	**s'**	**habille**
nous	**nous**	**habillons**
vous	**vous**	**habillez**
ils / elles	**s'**	**habillent**

se laver		
je	**me**	**lave**
tu	**te**	**laves**
il / elle / on	**se**	**lave**
nous	**nous**	**lavons**
vous	**vous**	**lavez**
ils / elles	**se**	**lavent**

Die Reflexivpronomen lauten **me, te, se, nous, vous** und **se. Me, te** und **se** werden vor Vokal oder stummem h zu **m'**, **t'** und **s'**.

Nicht jedes französische reflexive Verb ist auch im Deutschen reflexiv und umgekehrt, zum Beispiel: **s'appeler** – *heißen*, **se promener** – *spazieren gehen*, aber **bouger** – *sich bewegen*.

Die Bildung des *Imparfait*

Die Formen des Imparfait sehen wie folgt aus:

regarder	
je	**regardais**
tu	**regardais**
il / elle / on	**regardait**
nous	**regardions**
vous	**regardiez**
ils / elles	**regardaient**

Das *Imparfait* wird gebildet, indem man an den Stamm der 1. Person Plural Präsens der regelmäßig und unregelmäßig gebildeten Verben die Imparfaitendungen **-ais, -ais, -ait, -ions, -iez** und **-aient** anhängt.

Hier findest du eine schematische Darstellung der Bildung des Imparfait:

INFINITIV	1. PERSON PLURAL PRÄSENS		IMPARFAIT	
parler	nous parl	ons	je	parlais
prendre	nous pren	ons	tu	prenais
aller	nous all	ons	il	allait
dormir	nous dorm	ons	nous	dormions
finir	nous finiss	ons	vous	finissiez
faire	nous fais	ons	ils	faisaient

Das Imparfait ist eine lernerfreundliche Zeit, weil nur **être** unregelmäßig ist:

être	j'	étais	nous	étions
	tu	étais	vous	étiez
	il/elle/on	était	ils/elles	étaient

Die Verben, die auf **-cer** und **-ger** enden, weisen Besonderheiten bei der Schreibweise des Imparfait auf:

commencer		**manger**	
je	**commençais**	je	**mangeais**
tu	**commençais**	tu	**mangeais**
il / elle / on	**commençait**	il / elle / on	**mangeait**
nous	**commencions**	nous	**mangions**
vous	**commenciez**	vous	**mangiez**
ils / elles	**commençaient**	ils / elles	**mangeaient**

Damit die Aussprache des Stammes immer erhalten bleibt, wird bei den Verben

- auf **-cer** bei **je, tu, il, elle, on, ils** und **elles -c-** zu **-ç-**.
- auf **-ger** bei **je, tu, il, elle, on, ils** und **elles -g-** zu **-ge-**.

Die Bildung des *Passé composé*

Die Formen des *Passé composé* mit *avoir* und *être*

Das Passé composé setzt sich aus einer Präsensform von **avoir** oder **être** und dem Partizip Perfekt des jeweiligen Verbs zusammen.

parler		
j'	ai	parlé
tu	as	parlé
il / elle / on	a	parlé
nous	avons	parlé
vous	avez	parlé
ils / elles	ont	parlé

arriver		
je	suis	arrivé/arrivée
tu	es	arrivé/arrivée
il	est	arrivé
elle	est	arrivée
on	est	arrivé(s)/ arrivée(s)
nous	sommes	arrivés/arrivées
vous	êtes	arrivés/arrivées
ils	sont	arrivés
elles	sont	arrivées

Bei der Bildung des Passé composé mit **avoir** bleibt das Partizip Perfekt in der Regel unveränderlich, außer ein direktes Objekt geht voraus.

Wird das Passé composé jedoch mit **être** gebildet, so gleicht sich das Partizip Perfekt in Geschlecht und Zahl dem Subjekt des Satzes an.

Bezieht sich das Partizip Perfekt auf ein Subjekt, das aus unterschiedlichem Genus besteht, so richtet es sich nach dem Männlichen, z. B.:

Marc et Marie sont allés à la piscine. — *Marc und Marie sind ins Schwimmbad gegangen.*

Die Bildung des *Passé composé* mit *avoir* oder *être*

Die Verwendung beim Perfekt von *haben* und *sein* verhält sich anders als im Deutschen, z. B.:

J'ai été à la piscine.	*Ich bin im Schwimmbad gewesen.*
J'ai beaucoup voyagé.	*Ich bin viel gereist.*

1. Die meisten Verben bilden das *Passé composé* mit **avoir**.

Hier, Pierre a préparé le repas.	*Gestern hat Pierre das Essen gemacht.*
Puis, il a mangé.	*Dann hat er gegessen.*

2. Einige wenige Verben bilden das Passé composé mit **être**:
Dazu gehören einige Verben der Bewegungsrichtung oder des Verweilens, z. B. **aller, arriver, entrer, partir, rester, rentrer, tomber, venir** und **revenir**.

Hier, je suis allé(e) à Paris.	*Gestern bin ich nach Paris gefahren.*
Je suis arrivé(e) vers dix heures.	*Ich bin gegen zehn Uhr angekommen.*

Die Verben **naître, devenir, mourir** und **décéder** bilden das Passé composé ebenfalls mit **être**.

Il est né en 1960.	*Er ist 1960 geboren.*

Ebenso mit **être** wird das Passé composé sämtlicher reflexiver Verben gebildet.

Elle s'est réveillée. Puis, elle s'est levée.	*Sie ist aufgewacht. Dann ist sie aufgestanden*

! Aber aufgepasst! Wenn dem reflexiven Verb ein direktes Objekt folgt, so bleibt das Partizip Perfekt unverändert, z. B.:

Elle s'est lavée. *Sie hat sich gewaschen.*	aber:	**Elle s'est lavé les mains.** *Sie hat sich die Hände gewaschen.*

3. Es gibt einige wenige Verben, die das *Passé composé* mit **avoir** oder mit **être** bilden.

   Die Verben **monter, descendre, sortir, entrer** und **rentrer** bilden das *Passé composé*

- in der Regel mit **être**:	**Elle est descendue du train.** *Sie ist aus dem Zug ausgestiegen.*
- mit **avoir**, wenn ihnen ein direktes Objekt folgt:	**Elle a descendu la valise du train.** *Sie hat den Koffer aus dem Zug ausgeladen.*

Die Veränderlichkeit des Partizip Perfekts bei der Bildung des *Passé composé* mit *avoir*

In der Regel bleibt das Partizip Perfekt bei der Bildung des Passé composé mit **avoir** unverändert:

Nous avons vu Julie.	*Wir haben Julie gesehen.*

Geht dem Passé composé jedoch ein direktes Objekt voraus, so wird das Partizip Perfekt in Geschlecht und Zahl dem direkten Objekt angeglichen. Das direkte Objekt kann ein direktes Objektpronomen, z. B. **me, te, le, la, nous, vous** oder **les**, sein. Es kann aber auch in Form des Relativpronomens **que** vorausgehen.

Est-ce que vous avez vu Julie ?	*Habt ihr Julie gesehen?*
Oui, nous l'avons vue.	*Ja, wir haben sie gesehen.*
C'est Julie que nous avons vue.	*Es ist Julie, die wir gesehen haben.*
J'ai acheté les livres.	*Ich habe die Bücher gekauft.*
Je les ai achetés.	*Ich habe sie gekauft.*
Ce sont les livres que j'ai achetés.	*Das sind die Bücher, die ich gekauft habe.*

Die Bildung des Plusquamperfekts

Das Plusquamperfekt (Plus-que-parfait) setzt sich aus der Imparfait-Form von **avoir** oder **être** und dem Partizip Perfekt des jeweiligen Verbs zusammen.

lire		
j'	**avais**	**lu**
tu	**avais**	**lu**
il / elle / on	**avait**	**lu**
nous	**avions**	**lu**
vous	**aviez**	**lu**
ils / elles	**avaient**	**lu**

rester		
j'	**étais**	**resté/restée**
tu	**étais**	**resté/restée**
il	**était**	**resté**
elle	**était**	**restée**
on	**était**	**resté(s)/restée(s)**
nous	**étions**	**restés/restées**
vous	**étiez**	**restés/restées**
ils	**étaient**	**restés**
elles	**étaient**	**restées**

Bei der Bildung des Plusquamperfekts mit **avoir** bleibt das Partizip Perfekt in der Regel unveränderlich.

Wird das Plusquamperfekt jedoch mit **être** gebildet, so gleicht sich das Partizip Perfekt in Geschlecht und Zahl dem Subjekt des Satzes an. Bezieht sich das Partizip Perfekt auf ein Subjekt, das aus unterschiedlichem Genus besteht, so richtet es sich nach dem Männlichen, z. B.:

Marc et Marie **étaient allés à la piscine.**
Marc und Marie waren ins Schwimmbad gegangen.

Wenn du die Bildung des Passé composé beherrschst, dann weißt du jetzt auch schon, wann das Plusquamperfekt mit **avoir** und wann mit **être** gebildet wird. Die Regel ist nämlich dieselbe. Auch die Besonderheiten bei der Veränderlichkeit des Partizip Perfekts bei der Bildung mit **avoir** sind identisch.

Le français, ce n'est pas trop difficile !
Französisch ist nicht so schwierig!

Den Gebrauch von **avoir** und **être** und die Regeln zur Veränderlichkeit von **être** und **avoir** entnimm bitte dem ▶ Kapitel **Die Bildung des Passé composé** (S. 101), da die Bildung des Plusquamperfekts analog zur Bildung des Perfekts erfolgt.

Die Bildung des *Passé simple*

Das Passé simple existiert in der deutschen Sprache nicht.

Die regelmäßigen Formen des *Passé simple*

PERSON	PARLER	ATTENDRE	CHOISIR	CROIRE
je/j'	parlai	attendis	choisis	crus
tu	parlas	attendis	choisis	crus
il/elle/on	parla	attendit	choisit	crut
nous	parlâmes	attendîmes	choisîmes	crûmes
vous	parlâtes	attendîtes	choisîtes	crûtes
ils/elles	parlèrent	attendirent	choisirent	crurent

Die regelmäßigen Verben auf **-er** bilden das Passé simple, indem folgende Endungen an den Stamm des Infinitivs angehängt werden:

-ai, -as, -a, -âmes, -âtes, -èrent.

Die regelmäßigen Verben auf **-re** und **-ir** bilden das Passé simple, indem folgende Endungen an den Stamm des Infinitivs angehängt werden:

-is, -is, -it, -îmes, -îtes, -irent.

Einige meist unregelmäßige Verben, so z. B. Verben, die auf **-oire** oder **-oir** enden (aber auch andere), haben folgende Endungen:

-us, -us, -ut, -ûmes, -ûtes, -urent.

Wichtige unregelmäßige Formen im *Passé simple*

1. Unregelmäßige Verben mit den Endungen auf **-us, -ut** usw.

avoir	j'	**eus**	tu	**eus**	il/elle/on	**eut**
	nous	**eûmes**	vous	**eûtes**	ils/elles	**eurent**
être	je	**fus**	tu	**fus**	il/elle/on	**fut**
	nous	**fûmes**	vous	**fûtes**	ils/elles	**furent**
boire	je	**bus**	tu	**bus**	il/elle/on	**but**
	nous	**bûmes**	vous	**bûtes**	ils/elles	**burent**
lire	je	**lus**	tu	**lus**	il/elle/on	**lut**
	nous	**lûmes**	vous	**lûtes**	ils/elles	**lurent**
pouvoir	je	**pus**	tu	**pus**	il/elle/on	**put**
	nous	**pûmes**	vous	**pûtes**	ils/elles	**purent**
recevoir	je	**reçus**	tu	**reçus**	il/elle/on	**reçut**
	nous	**reçûmes**	vous	**reçûtes**	ils/elles	**reçurent**
savoir	je	**sus**	tu	**sus**	il/elle/on	**sut**
	nous	**sûmes**	vous	**sûtes**	ils/elles	**surent**
vivre	je	**vécus**	tu	**vécus**	il/elle/on	**vécut**
	nous	**vécûmes**	vous	**vécûtes**	ils/elles	**vécurent**
vouloir	je	**voulus**	tu	**voulus**	il/elle/on	**voulut**
	nous	**voulûmes**	vous	**voulûtes**	ils/elles	**voulurent**

2. Unregelmäßige Verben mit den Endungen auf **-is, -it** usw.

dire	je	**dis**	tu	**dis**	il/elle/on	**dit**
	nous	**dîmes**	vous	**dîtes**	ils/elles	**dirent**
écrire	j'	**écrivis**	tu	**écrivis**	il/elle/on	**écrivit**
	nous	**écrivîmes**	vous	**écrivîtes**	ils/elles	**écrivirent**
faire	je	**fis**	tu	**fis**	il/elle/on	**fit**
	nous	**fîmes**	vous	**fîtes**	ils/elles	**firent**
mettre	je	**mis**	tu	**mis**	il/elle/on	**mit**
	nous	**mîmes**	vous	**mîtes**	ils/elles	**mirent**
prendre	je	**pris**	tu	**pris**	il/elle/on	**prit**
	nous	**prîmes**	vous	**prîtes**	ils/elles	**prirent**
voir	je	**vis**	tu	**vis**	il/elle/on	**vit**
	nous	**vîmes**	vous	**vîtes**	ils/elles	**virent**

3. Die unregelmäßigen Verben **tenir** und **venir**

tenir	je	**tins**	tu	**tins**	il/elle/on	**tint**
	nous	**tînmes**	vous	**tîntes**	ils/elles	**tinrent**
venir	je	**vins**	tu	**vins**	il/elle/on	**vint**
	nous	**vînmes**	vous	**vîntes**	ils/elles	**vinrent**

Die Bildung des *Futur composé*

Die nahe Zukunft, das *Futur composé*, wird gebildet aus einer Präsensform von **aller** und dem Infinitiv des jeweiligen Verbs.

attendre

je	vais	aller
tu	vas	chercher
il / elle / on	va	prendre
nous	allons	rester
vous	allez	boire
ils / elles	vont	faire

Die Bildung der Formen des Futur composé ist der Bildung des deutschen Futurs sehr ähnlich.

Die Bildung des *Futurs I*

Das Futur I oder Futur simple wird im Französischen in einem Wort ausgedrückt, während man für die deutsche Zukunft zwei Wörter benötigt, wie das Beispiel zeigt:

Je voyagerai. *Ich werde reisen.*

Die regelmäßigen Formen

regarder		attendre		écrire	
je	**regarderai**	j'	**attendrai**	j'	**écrirai**
tu	**regarderas**	tu	**attendras**	tu	**écriras**
il / elle / on	**regardera**	il / elle / on	**attendra**	il / elle / on	**écrira**
nous	**regarderons**	nous	**attendrons**	nous	**écrirons**
vous	**regarderez**	vous	**attendrez**	vous	**écrirez**
ils / elles	**regarderont**	ils / elles	**attendront**	ils / elles	**écriront**

Verben auf **-er**, **-re** und **-ir** bilden das Futur simple, indem an das **-r-** des Infinitivs die Endungen **-ai, -as**, **-a**, **-ons**, **-ez**, **-ont** angehängt werden, z.B. **attendre > attendr + Endung > j'attendrai**.

→← Kennst du schon die Präsensformen von **avoir**? Dann werden dir die Futurendungen sehr bekannt vorkommen. Sie entsprechen den Präsensformen von **avoir**, außer bei **nous** und **vous**.

Verben auf **-er** mit Stammveränderung leiten die Form des Futur simple von der 1. Person Singular Präsens ab. An diese wird ein **-r-** und dann die Endungen des Futurs angehängt, z.B.

INFINITIV	1. PERSON SINGULAR	FUTUR SIMPLE
acheter	j'achète	j'achèterai
appeler	j'appelle	j'appellerai
jeter	je jette	je jetterai
se lever	je me lève	je me lèverai
payer	je paie	je paierai
se promener	je me promène	je me promènerai

! Eine Ausnahme bei den Verben mit Stammveränderung stellt die Gruppe der Verben auf **-é...er** dar, also **compléter**, **espérer**, **préférer**, **répéter** usw. Diese leiten das Futur simple regelmäßig vom Infinitv ab und nicht von der 1. Person Singular, z.B. lautet **préférer** im Präsens **je préfère** aber im Futur simple **je préférerai**.

Die unregelmäßigen Formen

Bei den unregelmäßigen Formen verändern sich die Stämme des Verbs. Die regelmäßigen Futurendungen bleiben erhalten.

avoir	j'	**aurai**	**pleuvoir**	il	**pleuv**ra
être	tu	**seras**	**pouvoir**	je	**pour**rai
aller	il	**ira**	**recevoir**	tu	**recev**ras
courir	elle	**courra**	**savoir**	il	**sau**ra
devoir	nous	**devrons**	**tenir**	elle	**tiend**ra
envoyer	vous	**enverrez**	**valoir**	il	**vaud**ra
faire	ils	**feront**	**venir**	nous	**viend**rons
falloir	il	**faudra**	**voir**	vous	**ver**rez
mourir	il	**mourra**	**vouloir**	ils	**voud**ront

Die Bildung des Futurs II

Das Futur II ist eine zusammengesetzte Zeit, deren Bildung ähnlich erfolgt wie die des Passé composé oder des Plusquamperfekts.

Das Futur II setzt sich aus der Futurform von **avoir** oder **être** und dem Partizip Perfekt des jeweiligen Verbs zusammen.

parler			arriver		
j'	**aurai**	**parlé**	je	**serai**	**arrivé/arrivée**
tu	**auras**	**parlé**	tu	**seras**	**arrivé/arrivée**
il / elle / on	**aura**	**parlé**	il / elle / on	**sera**	**arrivé** / **arrivée** / **arrivé(s)/arrivée(s)**
nous	**aurons**	**parlé**	nous	**serons**	**arrivés/arrivées**
vous	**aurez**	**parlé**	vous	**serez**	**arrivés/arrivées**
ils / elles	**auront**	**parlé**	ils / elles	**seront**	**arrivés** / **arrivées**

Bei der Bildung des Futurs II mit **avoir** bleibt das Partizip Perfekt in der Regel unveränderlich.

Wird das Futur II mit **être** gebildet, so gleicht sich das Partizip Perfekt in Geschlecht und Zahl dem Subjekt an.

Bezieht sich das Partizip Perfekt auf ein Subjekt, das aus unterschiedlichem Genus besteht, so richtet es sich nach dem Männlichen.

Das Kapitel **Die Bildung des Passé composé** informiert über den Gebrauch von **avoir** und **être** und die Veränderlichkeit des Partizips Perfekt.

Die Bildung des Konditionals I

Die regelmäßigen Formen

regarder		attendre		écrire	
je	**regarderais**	j'	**attendrais**	j'	**écrirais**
tu	**regarderais**	tu	**attendrais**	tu	**écrirais**
il / elle / on	**regarderait**	il / elle / on	**attendrait**	il / elle / on	**écrirait**
nous	**regarderions**	nous	**attendrions**	nous	**écririons**
vous	**regarderiez**	vous	**attendrriez**	vous	**écririez**
ils / elles	**regarderaient**	ils / elles	**attendraient**	ils / elles	**écriraient**

Wenn du die Imparfait-Endungen bereits beherrscht, bereitet dir das Konditional keine Schwierigkeiten. Es sind die gleichen Endungen.

Verben auf **-er**, **-re** und **-ir** bilden das Konditional, indem an das **-r-** des Infinitivs die Endungen **-ais**, **-ais**, **-ait**, **-ions**, **-iez**, **-aient** angehängt werden, z.B. **attendre > attendr + Endung > j'attendrais**.

Verben auf **-er** mit Stammveränderung leiten die Form des Konditionals von der 1. Person Singular Präsens ab. An diese wird ein **-r-** und dann die Endungen des Konditionals angehängt, z.B.

INFINITIV	1. PERSON SINGULAR	FUTUR SIMPLE
acheter	j'achète	j'achète**rais**
appeler	j'appelle	j'appelle**rais**
jeter	je jette	je jette**rais**
se lever	je me lève	je me lève**rais**
payer	je paie	je paie**rais**
se promener	je me promène	je me promène**rais**

Eine Ausnahme bei den Verben mit Stammveränderung stellt die Gruppe der Verben auf **-é…er** dar, also **compléter**, **espérer**, **préférer**, **répéter** usw. Diese leiten das Konditional regelmäßig vom Infinitv ab und nicht von der 1. Person Singular, z.B. lautet **préférer** im Präsens **je préfère** aber im Konditional **je préférerais**.

Die unregelmäßigen Formen

Bei den unregelmäßigen Formen verändern sich die Stämme des Verbs. Die regelmäßigen Endungen des Konditionals bleiben erhalten.

avoir	j'	**aurais**	pleuvoir	il	**pleuvrait**
être	tu	**serais**	pouvoir	je	**pourrais**
aller	il	**irait**	recevoir	tu	**recevrais**
courir	elle	**courrait**	savoir	il	**saurait**
devoir	nous	**devrions**	tenir	elle	**tiendrait**
envoyer	vous	**enverriez**	valoir	il	**vaudrait**
faire	ils	**feraient**	venir	nous	**viendrions**
falloir	il	**faudrait**	voir	vous	**verriez**
mourir	il	**mourrait**	vouloir	ils	**voudraient**

Die Bildung des Konditionals II

Der Konditional II ist eine zusammengesetzte Zeit, deren Bildung ähnlich erfolgt wie die des Passé composé oder des Plusquamperfekts.

Der Konditional II setzt sich aus der Konditionalform von **avoir** oder **être** und dem Partizip Perfekt des jeweiligen Verbs zusammen.

parler			arriver		
j'	aurais	parlé	je	serais	arrivé/arrivée
tu	aurais	parlé	tu	serais	arrivé/arrivée
il			il		arrivé
elle	aurait	parlé	elle	serait	arrivée
on			on		arrivé(s)/arrivée(s)
nous	aurions	parlé	nous	serions	arrivés/arrivées
vous	auriez	parlé	vous	seriez	arrivés/arrivées
ils	auraient	parlé	ils		arrivés
elles			elles	seraient	arrivées

Bei der Bildung des Konditionals II mit **avoir** bleibt das Partizip Perfekt in der Regel unveränderlich. Wird der Konditional II jedoch mit **être** gebildet, so gleicht sich das Partizip Perfekt in Geschlecht und Zahl dem Subjekt des Satzes an. Bezieht sich das Partizip Perfekt auf ein Subjekt, das aus unterschiedlichem Genus besteht, so richtet es sich nach dem Männlichen. Den Gebrauch von **avoir** und **être** und die Regeln zu deren Veränderlichkeit entnimm bitte dem ▶ Kapitel **Die Bildung des Passé composé** (S. 101), da die Bildung des Konditionals II analog zur Bildung des Passé composé erfolgt.

Die Bildung des Partizips Perfekt

Die regelmäßige Bildung des *Partizips Perfekt (Participe passé)*

Das Partizip Perfekt der Verben

- auf **-er** wird gebildet, indem die Endung des Infinitivs, **-er**, durch **-é** ersetzt wird:

parler → parlé

- auf **-ir** wird gebildet, indem die Endung des Infinitivs, **-ir**, durch **-i** ersetzt wird:

dormir → dormi
choisir → choisi

- auf **-re** wird gebildet, indem die Endung des Infinitivs, **-re**, durch **-u** ersetzt wird:

attendre → attendu

Die wichtigsten unregelmäßigen Partizipien

avoir	**eu**	être	**été**	prendre	**pris**
boire	**bu**	faire	**fait**	recevoir	**reçu**
conduire	**conduit**	falloir	**fallu**	résoudre	**résolu**
connaître	**connu**	lire	**lu**	rire	**ri**
courir	**couru**	mettre	**mis**	savoir	**su**
craindre	**craint**	mourir	**mort**	suivre	**suivi**
croire	**cru**	naître	**né**	valoir	**valu**
devoir	**dû**	ouvrir	**ouvert**	vivre	**vécu**
dire	**dit**	plaire	**plu**	voir	**vu**
écrire	**écrit**	pleuvoir	**plu**	vouloir	**voulu**

Die Bildung des Partizips Präsens

Das Partizip Präsens (Participe présent) wird gebildet, indem man an die 1. Person Plural Präsens die Endung **-ant** anhängt:

INFINITIV	1. PERSON PLURAL PRÄSENS			PARTIZIP PRÄSENS
parler	nous	**parl**	ons	**parlant**
dormir	nous	**dorm**	ons	**dormant**
choisir	nous	**choisiss**	ons	**choisissant**
attendre	nous	**attend**	ons	**attendant**

! Es gibt nur ganz wenige unregelmäßige Formen:

avoir	ayant
être	étant
savoir	sachant

Die Bildung des Gerundiums

Das Gerundium setzt sich aus der Präposition **en** und dem Partizip Präsens des jeweiligen Verbs zusammen. Das Gerundium ist unveränderlich.

INFINITIV	GERUNDIUM	INFINITIV	GERUNDIUM
être	**en étant**	attendre	**en attendant**
avoir	**en ayant**	dormir	**en dormant**
regarder	**en regardant**	finir	**en finissant**

Die Bildung des Imperativs

INFINITIV	DU-FORM	WIR-FORM	SIE-FORM/IHR-FORM
parler	**parle**	**parlons**	**parlez**
descendre	**descends**	**descendons**	**descendez**
dormir	**dors**	**dormons**	**dormez**
choisir	**choisis**	**choisissons**	**choisissez**
faire	**fais**	**faisons**	**faites**

Der Befehl bzw. die Aufforderung an eine Person wird in der Du-Form erteilt. Die Du-Form entspricht der 1. Person Singular Präsens der Verben.

Die Wir-Form wird verwendet, wenn man einen Befehl an eine Gruppe erteilt, der man selbst angehört. Die Wir-Form entspricht der 1. Person Plural Präsens.

Der Befehl an eine Person, die man siezt, oder an mehrere Personen, die man duzt, wird in der Sie-Form bzw. Ihr-Form erteilt. Bei der Sie- bzw. Ihr-Form handelt es sich um ein und dieselbe Form, die der 2. Person Plural Präsens entspricht.

Die Regel gilt für regelmäßige und unregelmäßige Verben im Präsens.

! Der Imperativ verfügt nur über wenige unregelmäßige Formen, die wir hier für dich aufgeschrieben haben.

INFINITIV	DU-FORM	WIR-FORM	SIE-FORM/IHR-FORM
avoir	**aie**	**ayons**	**ayez**
être	**sois**	**soyons**	**soyez**
savoir	**sache**	**sachons**	**sachez**

Die Bildung des *Subjonctif*

Die *Subjonctif*-Endungen

Die Endungen des Subjonctif sind regelmäßig. Sie gelten für sämtliche regelmäßige und unregelmäßige Verben:

Il veut que j'	**attend**	**e.**
Il veut que tu	**attend**	**es.**
Il veut qu'il / Il veut qu'elle / Il veut qu'on	**attend**	**e.**
Il veut que nous	**attend**	**ions.**
Il veut que vous	**attend**	**iez.**
Il veut qu'ils / Il veut qu'elles	**attend**	**ent.**

Die Endungen des Subjonctif lauten: **-e, -es, -e, -ions, -iez, -ent.**

Hast du schon bemerkt, dass die Subjonctif-Endungen dir gar nicht so fremd sind?

Die Endungen der 1. und 2. Person Plural sind dir vom Imperfekt her vertraut und die restlichen Endungen entsprechen dem Präsens der Verben auf **-er**.

Die Ableitung des *Subjonctif*

Die meisten regelmäßigen und unregelmäßigen Verben werden vom Stamm der 3. Person Plural Präsens abgeleitet:

INFINITIV	3. PERSON PLURAL PRÄSENS			SUBJONCTIF		
parler	ils	**parl**	**ent**	que je	**parl**	**e**
mettre	ils	**mett**	**ent**	que tu	**mett**	**es**
partir	ils	**part**	**ent**	qu'il	**part**	**e**
finir	ils	**finiss**	**ent**	qu'elle	**finiss**	**e**
dire	ils	**dis**	**ent**	qu'on	**dis**	**e**
connaître	ils	**connaiss**	**ent**	que nous	**connaiss**	**ions**
plaire	ils	**plais**	**ent**	que vous	**plais**	**iez**
vivre	ils	**viv**	**ent**	qu'ils	**viv**	**ent**
écrire	ils	**écriv**	**ent**	qu'elles	**écriv**	**ent**

Unregelmäßigkeiten im *Subjonctif*

1. Die Verben auf **-ayer, -oyer, -uyer, -é…rer** sowie stamm- und endungsbetonte Verben auf **-er**, die orthografische Besonderheiten im Präsens aufweisen, zeigen diese Besonderheiten auch bei der 1. und 2. Person Plural des Subjonctif.

	payer	**nettoyer**	**essuyer**
que je/j'	**paie**	**nettoie**	**essuie**
que tu	**paies**	**nettoies**	**essuies**
qu'il / qu'elle / qu'on	**paie**	**nettoie**	**essuie**
que nous	**payions**	**nettoyions**	**essuyions**
que vous	**payiez**	**nettoyiez**	**essuyiez**
qu'ils / qu'elles	**paient**	**nettoient**	**essuient**

	acheter	jeter	préférer
que je/j'	achète	jette	préfère
que tu	achètes	jettes	préfères
qu'il / qu'elle / qu'on	achète	jette	préfère
que nous	achetions	jetions	préférions
que vous	achetiez	jetiez	préfériez
qu'ils / qu'elles	achètent	jettent	préfèrent

2. Verben auf **-oir** und einige Verben auf **-re** und **-ir** haben in der 1. und 2. Person Plural einen anderen Stamm als in der 3. Person Plural. Diese Verben behalten auch ihre zwei Stämme im Subjonctif.

   Sämtliche Subjonctif-Formen, außer die der 1. und 2. Person Plural, werden von der 3. Person Plural Präsens abgeleitet.

   Die 1. und 2. Person Plural des Subjonctif richtet sich nach dem entsprechenden Präsensstamm. Zu dieser Verbgruppe gehören: **acquérir, venir, tenir, mourir, décevoir, devoir, voir, croire, boire, recevoir.**

prendre				
Indikativ	ils/elles	prennent	nous	prenons
			vous	prenez
Subjonctif	que je	prenne	que nous	prenions
	que tu	prennes	que vous	preniez
	qu'il / qu'elle	prenne		
	qu'ils / qu'elles	prennent		

Unregelmäßige *Subjonctif*-Formen

Es gibt einige Verben, die unregelmäßige *Subjonctif*-Formen bilden, die wir für dich aufgelistet haben:

avoir	que j'	**aie**	que nous	**ayons**
	que tu	**aies**	que vous	**ayez**
	qu'il / qu'elle / qu'on	**ait**	qu'ils / qu'elles	**aient**
être	que je	**sois**	que nous	**soyons**
	que tu	**sois**	que vous	**soyez**
	qu'il / qu'elle / qu'on	**soit**	qu'ils / qu'elles	**soient**
aller	que j'	**aille**	que nous	**allions**
	que tu	**ailles**	que vous	**alliez**
	qu'il / qu'elle / qu'on	**aille**	qu'ils / qu'elles	**aillent**
faire	que je	**fasse**	que nous	**fassions**
	que tu	**fasses**	que vous	**fassiez**
	qu'il / qu'elle / qu'on	**fasse**	qu'ils / qu'elles	**fassent**
falloir	qu'il faille			
pleuvoir	qu'il pleuve			

pouvoir	que je	**puisse**	que nous	**puissions**
	que tu	**puisses**	que vous	**puissiez**
	qu'il / qu'elle / qu'on	**puisse**	qu'ils / qu'elles	**puissent**
savoir	que je	**sache**	que nous	**sachions**
	que tu	**saches**	que vous	**sachiez**
	qu'il / qu'elle / qu'on	**sache**	qu'ils / qu'elles	**sachent**
vouloir	que je	**veuille**	que nous	**voulions**
	que tu	**veuilles**	que vous	**vouliez**
	qu'il / qu'elle / qu'on	**veuille**	qu'ils / qu'elles	**veuillent**

Die Bildung des *Subjonctif passé*

Der *Subjonctif passé* wird gebildet aus den jeweiligen *Subjonctif*-Formen von **avoir** oder **être** und dem Partizip Perfekt des jeweiligen Verbs.

		travailler		sortir	
Il faut	que j'/je	aie	travaillé.	sois	sorti/sortie.
	que tu	aies	travaillé.	sois	sorti/sortie.
	qu'il	ait	travaillé.	soit	sorti.
	qu'elle			soit	sortie.
	qu'on			soit	sorti(s)/sortie(s).
	que nous	ayons	travaillé.	soyons	sortis/sorties.
	que vous	ayez	travaillé.	soyez	sortis/sorties.
	qu'ils/qu'elles	aient	travaillé.	soient	sortis/sorties.

Den Gebrauch von **avoir** und **être** und die Regeln zu deren Veränderlichkeit entnimm bitte dem ▶ Kapitel **Die Bildung des Passé composé** (S. 101), da die Bildung des Subjonctif passé analog zur Bildung des Passé composé erfolgt.

Die Bildung des Passivs

Die Passivformen im Präsens

Das Passiv im Präsens wird gebildet aus den Formen von **être** im Präsens und dem Partizip Perfekt des jeweiligen Verbs. Das Partizip Perfekt richtet sich dabei in Zahl und Geschlecht nach dem Subjekt des Satzes.

L'excursion a été annulée. *Der Ausflug ist abgesagt worden.*

je	suis	interrogé/interrogée
tu	es	interrogé/interrogée
il	est	interrogé
elle	est	interrogée
on	est	interrogé(s)/interrogée(s)
nous	sommes	interrogés/intérrogées
vous	êtes	interrogés/interrogées
ils	sont	interrogés
elles	sont	interrogées

Das Passiv in anderen Zeiten und Modi

Das Passiv kann in verschiedene Zeiten und Modi gesetzt werden.

Il	a été	interrogé.	Passé composé
Il	était	interrogé.	Imperfekt
Il	fut	interrogé.	Passé simple
Il	sera	interrogé.	Futur I
Il	serait	intérrogé.	Konditional I
Il faut qu'il	soit	interrogé.	Subjonctif

Das Passiv wird in verschiedenen Zeiten und Modi gebildet, indem man **être** in die entsprechende Zeit bzw. den jeweiligen Modus setzt und das Partizip Perfekt des jeweiligen Verbs hinzufügt.

Die Nennung des Urhebers im Passiv

Der Urheber der Handlung wird einfach mit der Präposition **par** angeschlossen:

Il sera interrogé par la police. *Er wird von der Polizei verhört werden.*

Regelmäßige und unregelmäßige Verben

Auf den folgenden Seiten findest du Konjugationstabellen einiger wichtiger regelmäßiger und unregelmäßiger Verben.

Achte auf Besonderheiten! Sie sind **rot** hervorgehoben und auf sie wird auch ganz oben auf der Seite hingewiesen.

avoir
haben

Indicatif

Présent
j'	ai
tu	as
il	a
nous	avons
vous	avez
ils	ont

Passé composé
j'	ai	eu
tu	as	eu
il	a	eu
nous	avons	eu
vous	avez	eu
ils	ont	eu

Imparfait
j'	avais
tu	avais
il	avait
nous	avions
vous	aviez
ils	avaient

Plus-que-parfait
j'	avais	eu
tu	avais	eu
il	avait	eu
nous	avions	eu
vous	aviez	eu
ils	avaient	eu

Passé simple
j'	eus
tu	eus
il	eut
nous	eûmes
vous	eûtes
ils	eurent

Passé antérieur
j'	eus	eu
tu	eus	eu
il	eut	eu
nous	eûmes	eu
vous	eûtes	eu
ils	eurent	eu

Futur simple
j'	aurai
tu	auras
il	aura
nous	aurons
vous	aurez
ils	auront

Futur antérieur
j'	aurai	eu
tu	auras	eu
il	aura	eu
nous	aurons	eu
vous	aurez	eu
ils	auront	eu

Subjonctif

Présent
que	j'	aie
que	tu	aies
qu'	il	ait
que	nous	ayons
que	vous	ayez
qu'	ils	aient

Passé
que	j'	aie	eu
que	tu	aies	eu
qu'	il	ait	eu
que	nous	ayons	eu
que	vous	ayez	eu
qu'	ils	aient	eu

Imparfait
que	j'	eusse
que	tu	eusses
qu'	il	eût
que	nous	eussions
que	vous	eussiez
qu'	ils	eussent

Plus-que-parfait
que	j'	eusse	eu
que	tu	eusses	eu
qu'	il	eût	eu
que	nous	eussions	eu
que	vous	eussiez	eu
qu'	ils	eussent	eu

Conditionnel

Présent
j'	aurais
tu	aurais
il	aurait
nous	aurions
vous	auriez
ils	auraient

Passé
j'	aurais	eu
tu	aurais	eu
il	aurait	eu
nous	aurions	eu
vous	auriez	eu
ils	auraient	eu

Impératif

aie
ayons
ayez

Participe

Présent	Passé
ayant	eu(e)

être
sein

Indicatif

Présent		Passé composé		
je	suis	j'	ai	été
tu	es	tu	as	été
il	est	il	a	été
nous	sommes	nous	avons	été
vous	êtes	vous	avez	été
ils	sont	ils	ont	été

Imparfait		Plus-que-parfait		
j'	étais	j'	avais	été
tu	étais	tu	avais	été
il	était	il	avait	été
nous	étions	nous	avions	été
vous	étiez	vous	aviez	été
ils	étaient	ils	avaient	été

Passé simple		Passé antérieur		
je	fus	j'	eus	été
tu	fus	tu	eus	été
il	fut	il	eut	été
nous	fûmes	nous	eûmes	été
vous	fûtes	vous	eûtes	été
ils	furent	ils	eurent	été

Futur simple		Futur antérieur		
je	serai	j'	aurai	été
tu	seras	tu	auras	été
il	sera	il	aura	été
nous	serons	nous	aurons	été
vous	serez	vous	aurez	été
ils	seront	ils	auront	été

Subjonctif

Présent

que	je	sois
que	tu	sois
qu'	il	soit
que	nous	soyons
que	vous	soyez
qu'	ils	soient

Passé

que	j'	aie	été
que	tu	aies	été
qu'	il	ait	été
que	nous	ayons	été
que	vous	ayez	été
qu'	ils	aient	été

Imparfait

que	je	fusse
que	tu	fusses
qu'	il	fût
que	nous	fussions
que	vous	fussiez
qu'	ils	fussent

Plus-que-parfait

que	j'	eusse	été
que	tu	eusses	été
qu'	il	eût	été
que	nous	eussions	été
que	vous	eussiez	été
qu'	ils	eussent	été

Conditionnel

Présent		Passé		
je	serais	j'	aurais	été
tu	serais	tu	aurais	été
il	serait	il	aurait	été
nous	serions	nous	aurions	été
vous	seriez	vous	auriez	été
ils	seraient	ils	auraient	été

Impératif

sois
soyons
soyez

Participe

Présent	Passé
étant	été
(unveränderlich)	

parler
sprechen

Indicatif

Présent

je	parle
tu	parles
il	parle
nous	parlons
vous	parlez
ils	parlent

Imparfait

je	parlais
tu	parlais
il	parlait
nous	parlions
vous	parliez
ils	parlaient

Passé simple

je	parlai
tu	parlas
il	parla
nous	parlâmes
vous	parlâtes
ils	parlèrent

Futur simple

je	parlerai
tu	parleras
il	parlera
nous	parlerons
vous	parlerez
ils	parleront

Passé composé

j'	ai	parlé
tu	as	parlé
il	a	parlé
nous	avons	parlé
vous	avez	parlé
ils	ont	parlé

Plus-que-parfait

j'	avais	parlé
tu	avais	parlé
il	avait	parlé
nous	avions	parlé
vous	aviez	parlé
ils	avaient	parlé

Passé antérieur

j'	eus	parlé
tu	eus	parlé
il	eut	parlé
nous	eûmes	parlé
vous	eûtes	parlé
ils	eurent	parlé

Futur antérieur

j'	aurai	parlé
tu	auras	parlé
il	aura	parlé
nous	aurons	parlé
vous	aurez	parlé
ils	auront	parlé

Subjonctif

Présent

que	je	parle
que	tu	parles
qu'	il	parle
que	nous	parlions
que	vous	parliez
qu'	ils	parlent

Passé

que	j'	aie	parlé
que	tu	aies	parlé
qu'	il	ait	parlé
que	nous	ayons	parlé
que	vous	ayez	parlé
qu'	ils	aient	parlé

Imparfait

que	je	parlasse
que	tu	parlasses
qu'	il	parlât
que	nous	parlassions
que	vous	parlassiez
qu'	ils	parlassent

Plus-que-parfait

que	j'	eusse	parlé
que	tu	eusses	parlé
qu'	il	eût	parlé
que	nous	eussions	parlé
que	vous	eussiez	parlé
qu'	ils	eussent	parlé

Conditionnel

Présent

je	parlerais
tu	parlerais
il	parlerait
nous	parlerions
vous	parleriez
ils	parleraient

Passé

j'	aurais	parlé
tu	aurais	parlé
il	aurait	parlé
nous	aurions	parlé
vous	auriez	parlé
ils	auraient	parlé

Impératif

parle
parlons
parlez

Participe

Présent	Passé
parlant	parlé(e)

appeler

rufen

Achtung! Vor stummem **-e** wird **-l-** zu **-ll-**.

Indicatif

Présent

j'	appelle
tu	appelles
il	appelle
nous	appelons
vous	appelez
ils	appellent

Imparfait

j'	appelais
tu	appelais
il	appelait
nous	appelions
vous	appeliez
ils	appelaient

Passé simple

j'	appelai
tu	appelas
il	appela
nous	appelâmes
vous	appelâtes
ils	appelèrent

Futur simple

j'	appellerai
tu	appelleras
il	appellera
nous	appellerons
vous	appellerez
ils	appelleront

Passé composé

j'	ai	appelé
tu	as	appelé
il	a	appelé
nous	avons	appelé
vous	avez	appelé
ils	ont	appelé

Plus-que-parfait

j'	avais	appelé
tu	avais	appelé
il	avait	appelé
nous	avions	appelé
vous	aviez	appelé
ils	avaient	appelé

Passé antérieur

j'	eus	appelé
tu	eus	appelé
il	eut	appelé
nous	eûmes	appelé
vous	eûtes	appelé
ils	eurent	appelé

Futur antérieur

j'	aurai	appelé
tu	auras	appelé
il	aura	appelé
nous	aurons	appelé
vous	aurez	appelé
ils	auront	appelé

Subjonctif

Présent

que	j'	appelle
que	tu	appelles
qu'	il	appelle
que	nous	appelions
que	vous	appeliez
qu'	ils	appellent

Passé

que	j'	aie	appelé
que	tu	aies	appelé
qu'	il	ait	appelé
que	nous	ayons	appelé
que	vous	ayez	appelé
qu'	ils	aient	appelé

Imparfait

que	j'	appelasse
que	tu	appelasses
qu'	il	appelât
que	nous	appelassions
que	vous	appelassiez
qu'	ils	appelassent

Plus-que-parfait

que	j'	eusse	appelé
que	tu	eusses	appelé
qu'	il	eût	appelé
que	nous	eussions	appelé
que	vous	eussiez	appelé
qu'	ils	eussent	appelé

Conditionnel

Présent

j'	appellerais
tu	appellerais
il	appellerait
nous	appellerions
vous	appelleriez
ils	appelleraient

Passé

j'	aurais	appelé
tu	aurais	appelé
il	aurait	appelé
nous	aurions	appelé
vous	auriez	appelé
ils	auraient	appelé

Impératif

appelle
appelons
appelez

Participe

Présent	Passé
appelant	appelé(e)

Indicatif

Présent

je	paie / paye
tu	paies / payes
il	paie / paye
nous	payons
vous	payez
ils	paient / payent

Imparfait

je	payais
tu	payais
il	payait
nous	payions
vous	payiez
ils	payaient

Passé simple

je	payai
tu	payas
il	paya
nous	payâmes
vous	payâtes
ils	payèrent

Futur simple

je	paierai / payerai
tu	paieras / payeras
il	paiera / payera
nous	paierons / payerons
vous	paierez / payerez
ils	paieront / payeront

Passé composé

j'	ai	payé
tu	as	payé
il	a	payé
nous	avons	payé
vous	avez	payé
ils	ont	payé

Plus-que-parfait

j'	avais	payé
tu	avais	payé
il	avait	payé
nous	avions	payé
vous	aviez	payé
ils	avaient	payé

Passé antérieur

j'	eus	payé
tu	eus	payé
il	eut	payé
nous	eûmes	payé
vous	eûtes	payé
ils	eurent	payé

Futur antérieur

j'	aurai	payé
tu	auras	payé
il	aura	payé
nous	aurons	payé
vous	aurez	payé
ils	auront	payé

Subjonctif

Présent

que	je	paie / paye
que	tu	paies / payes
qu'	il	paie / paye
que	nous	payions
que	vous	payiez
qu'	ils	paient / payent

Passé

que	j'	aie	payé
que	tu	aies	payé
qu'	il	ait	payé
que	nous	ayons	payé
que	vous	ayez	payé
qu'	ils	aient	payé

Imparfait

que	je	payasse
que	tu	payasses
qu'	il	payât
que	nous	payassions
que	vous	payassiez
qu'	ils	payassent

Plus-que-parfait

que	j'	eusse	payé
que	tu	eusses	payé
qu'	il	eût	payé
que	nous	eussions	payé
que	vous	eussiez	payé
qu'	ils	eussent	payé

Conditionnel

Présent

je	paierais / payerais
tu	paierais / payerais
il	paierait / payerait
nous	paierions / payerions
vous	paieriez / payeriez
ils	paieraient / payeraient

Passé

j'	aurais	payé
tu	aurais	payé
il	aurait	payé
nous	aurions	payé
vous	auriez	payé
ils	auraient	payé

Impératif

paie / paye
payons
payez

Participe

Présent	Passé
payant	payé(e)

finir

beenden

Regelmäßiges Verb

Indicatif

Présent

je	finis
tu	finis
il	finit
nous	finissons
vous	finissez
ils	finissent

Imparfait

je	finissais
tu	finissais
il	finissait
nous	finissions
vous	finissiez
ils	finissaient

Passé simple

je	finis
tu	finis
il	finit
nous	finîmes
vous	finîtes
ils	finirent

Futur simple

je	finirai
tu	finiras
il	finira
nous	finirons
vous	finirez
ils	finiront

Passé composé

j'	ai	fini
tu	as	fini
il	a	fini
nous	avons	fini
vous	avez	fini
ils	ont	fini

Plus-que-parfait

j'	avais	fini
tu	avais	fini
il	avait	fini
nous	avions	fini
vous	aviez	fini
ils	avaient	fini

Passé antérieur

j'	eus	fini
tu	eus	fini
il	eut	fini
nous	eûmes	fini
vous	eûtes	fini
ils	eurent	fini

Futur antérieur

j'	aurai	fini
tu	auras	fini
il	aura	fini
nous	aurons	fini
vous	aurez	fini
ils	auront	fini

Subjonctif

Présent

que	je	finisse
que	tu	finisses
qu'	il	finisse
que	nous	finissions
que	vous	finissiez
qu'	ils	finissent

Passé

que	j'	aie	fini
que	tu	aies	fini
qu'	il	ait	fini
que	nous	ayons	fini
que	vous	ayez	fini
qu'	ils	aient	fini

Imparfait

que	je	finisse
que	tu	finisses
qu'	il	finît
que	nous	finissions
que	vous	finissiez
qu'	ils	finissent

Plus-que-parfait

que	j'	eusse	fini
que	tu	eusses	fini
qu'	il	eût	fini
que	nous	eussions	fini
que	vous	eussiez	fini
qu'	ils	eussent	fini

Conditionnel

Présent

je	finirais
tu	finirais
il	finirait
nous	finirions
vous	finiriez
ils	finiraient

Passé

j'	aurais	fini
tu	aurais	fini
il	aurait	fini
nous	aurions	fini
vous	auriez	fini
ils	auraient	fini

Impératif

finis
finissons
finissez

Participe

Présent	Passé
finissant	fini(e)

Indicatif

Présent

je	vais
tu	vas
il	va
nous	allons
vous	allez
ils	vont

Imparfait

j'	allais
tu	allais
il	allait
nous	allions
vous	alliez
ils	allaient

Passé simple

j'	allai
tu	allas
il	alla
nous	allâmes
vous	allâtes
ils	allèrent

Futur simple

j'	irai
tu	iras
il	ira
nous	irons
vous	irez
ils	iront

Passé composé

je	suis	allé
tu	es	allé
il	est	allé
nous	sommes	allés
vous	êtes	allés
ils	sont	allés

Plus-que-parfait

j'	étais	allé
tu	étais	allé
il	était	allé
nous	étions	allés
vous	étiez	allés
ils	étaient	allés

Passé antérieur

je	fus	allé
tu	fus	allé
il	fut	allé
nous	fûmes	allés
vous	fûtes	allés
ils	furent	allés

Futur antérieur

je	serai	allé
tu	seras	allé
il	sera	allé
nous	serons	allés
vous	serez	allés
ils	seront	allés

Subjonctif

Présent

que	j'	aille
que	tu	ailles
qu'	il	aille
que	nous	allions
que	vous	alliez
qu'	ils	aillent

Passé

que	je	sois	allé
que	tu	sois	allé
qu'	il	soit	allé
que	nous	soyons	allés
que	vous	soyez	allés
qu'	ils	soient	allés

Imparfait

que	j'	allasse
que	tu	allasses
qu'	il	allât
que	nous	allassions
que	vous	allassiez
qu'	ils	allassent

Plus-que-parfait

que	je	fusse	allé
que	tu	fusses	allé
qu'	il	fût	allé
que	nous	fussions	allés
que	vous	fussiez	allés
qu'	ils	fussent	allés

Conditionnel

Présent

j'	irais
tu	irais
il	irait
nous	irions
vous	iriez
ils	iraient

Passé

je	serais	allé
tu	serais	allé
il	serait	allé
nous	serions	allés
vous	seriez	allés
ils	seraient	allés

Impératif

va, *aber:* vas-y
allons
allez

Participe

Présent	Passé
allant	allé(e)

boire

trinken

Indicatif

Présent

je	bois
tu	bois
il	boit
nous	buvons
vous	buvez
ils	boivent

Imparfait

je	buvais
tu	buvais
il	buvait
nous	buvions
vous	buviez
ils	buvaient

Passé simple

je	bus
tu	bus
il	but
nous	bûmes
vous	bûtes
ils	burent

Futur simple

je	boirai
tu	boiras
il	boira
nous	boirons
vous	boirez
ils	boiront

Passé composé

j'	ai	bu
tu	as	bu
il	a	bu
nous	avons	bu
vous	avez	bu
ils	ont	bu

Plus-que-parfait

j'	avais	bu
tu	avais	bu
il	avait	bu
nous	avions	bu
vous	aviez	bu
ils	avaient	bu

Passé antérieur

j'	eus	bu
tu	eus	bu
il	eut	bu
nous	eûmes	bu
vous	eûtes	bu
ils	eurent	bu

Futur antérieur

j'	aurai	bu
tu	auras	bu
il	aura	bu
nous	aurons	bu
vous	aurez	bu
ils	auront	bu

Subjonctif

Présent

que	je	boive
que	tu	boives
qu'	il	boive
que	nous	buvions
que	vous	buviez
qu'	ils	boivent

Passé

que	j'	aie	bu
que	tu	aies	bu
qu'	il	ait	bu
que	nous	ayons	bu
que	vous	ayez	bu
qu'	ils	aient	bu

Imparfait

que	je	busse
que	tu	busses
qu'	il	bût
que	nous	bussions
que	vous	bussiez
qu'	ils	bussent

Plus-que-parfait

que	j'	eusse	bu
que	tu	eusses	bu
qu'	il	eût	bu
que	nous	eussions	bu
que	vous	eussiez	bu
qu'	ils	eussent	bu

Conditionnel

Présent

je	boirais
tu	boirais
il	boirait
nous	boirions
vous	boiriez
ils	boiraient

Passé

j'	aurais	bu
tu	aurais	bu
il	aurait	bu
nous	aurions	bu
vous	auriez	bu
ils	auraient	bu

Impératif

bois
buvons
buvez

Participe

Présent	Passé
buvant	bu(e)

Indicatif

Présent

je	connais
tu	connais
il	connaît
nous	connaissons
vous	connaissez
ils	connaissent

Imparfait

je	connaissais
tu	connaissais
il	connaissait
nous	connaissions
vous	connaissiez
ils	connaissaient

Passé simple

je	connus
tu	connus
il	connut
nous	connûmes
vous	connûtes
ils	connurent

Futur simple

je	connaîtrai
tu	connaîtras
il	connaîtra
nous	connaîtrons
vous	connaîtrez
ils	connaîtront

Passé composé

j'	ai	connu
tu	as	connu
il	a	connu
nous	avons	connu
vous	avez	connu
ils	ont	connu

Plus-que-parfait

j'	avais	connu
tu	avais	connu
il	avait	connu
nous	avions	connu
vous	aviez	connu
ils	avaient	connu

Passé antérieur

j'	eus	connu
tu	eus	connu
il	eut	connu
nous	eûmes	connu
vous	eûtes	connu
ils	eurent	connu

Futur antérieur

j'	aurai	connu
tu	auras	connu
il	aura	connu
nous	aurons	connu
vous	aurez	connu
ils	auront	connu

Subjonctif

Présent

que	je	connaisse
que	tu	connaisses
qu'	il	connaisse
que	nous	connaissions
que	vous	connaissiez
qu'	ils	connaissent

Passé

que	j'	aie	connu
que	tu	aies	connu
qu'	il	ait	connu
que	nous	ayons	connu
que	vous	ayez	connu
qu'	ils	aient	connu

Imparfait

que	je	connusse
que	tu	connusses
qu'	il	connût
que	nous	connussions
que	vous	connussiez
qu'	ils	connussent

Plus-que-parfait

que	j'	eusse	connu
que	tu	eusses	connu
qu'	il	eût	connu
que	nous	eussions	connu
que	vous	eussiez	connu
qu'	ils	eussent	connu

Conditionnel

Présent

je	connaîtrais
tu	connaîtrais
il	connaîtrait
nous	connaîtrions
vous	connaîtriez
ils	connaîtraient

Passé

j'	aurais	connu
tu	aurais	connu
il	aurait	connu
nous	aurions	connu
vous	auriez	connu
ils	auraient	connu

Impératif

connais
connaissons
connaissez

Participe

Présent	Passé
connaissant	connu(e)

devoir
müssen

Indicatif

Présent

je	dois
tu	dois
il	doit
nous	devons
vous	devez
ils	doivent

Imparfait

je	devais
tu	devais
il	devait
nous	devions
vous	deviez
ils	devaient

Passé simple

je	dus
tu	dus
il	dut
nous	dûmes
vous	dûtes
ils	durent

Futur simple

je	devrai
tu	devras
il	devra
nous	devrons
vous	devrez
ils	devront

Passé composé

j'	ai	dû
tu	as	dû
il	a	dû
nous	avons	dû
vous	avez	dû
ils	ont	dû

Plus-que-parfait

j'	avais	dû
tu	avais	dû
il	avait	dû
nous	avions	dû
vous	aviez	dû
ils	avaient	dû

Passé antérieur

j'	eus	dû
tu	eus	dû
il	eut	dû
nous	eûmes	dû
vous	eûtes	dû
ils	eurent	dû

Futur antérieur

j'	aurai	dû
tu	auras	dû
il	aura	dû
nous	aurons	dû
vous	aurez	dû
ils	auront	dû

Subjonctif

Présent

que	je	doive
que	tu	doives
qu'	il	doive
que	nous	devions
que	vous	deviez
qu'	ils	doivent

Passé

que	j'	aie	dû
que	tu	aies	dû
qu'	il	ait	dû
que	nous	ayons	dû
que	vous	ayez	dû
qu'	ils	aient	dû

Imparfait

que	je	dusse
que	tu	dusses
qu'	il	dût
que	nous	dussions
que	vous	dussiez
qu'	ils	dussent

Plus-que-parfait

que	j'	eusse	dû
que	tu	eusses	dû
qu'	il	eût	dû
que	nous	eussions	dû
que	vous	eussiez	dû
qu'	ils	eussent	dû

Conditionnel

Présent

je	devrais
tu	devrais
il	devrait
nous	devrions
vous	devriez
ils	devraient

Passé

j'	aurais	dû
tu	aurais	dû
il	aurait	dû
nous	aurions	dû
vous	auriez	dû
ils	auraient	dû

Impératif

dois
devons
devez

Participe

Présent	Passé
devant	dû, due, du(e)s

Indicatif

Présent

je	dis
tu	dis
il	dit
nous	disons
vous	dites
ils	disent

Imparfait

je	disais
tu	disais
il	disait
nous	disions
vous	disiez
ils	disaient

Passé simple

je	dis
tu	dis
il	dit
nous	dîmes
vous	dîtes
ils	dirent

Futur simple

je	dirai
tu	diras
il	dira
nous	dirons
vous	direz
ils	diront

Passé composé

j'	ai	dit
tu	as	dit
il	a	dit
nous	avons	dit
vous	avez	dit
ils	ont	dit

Plus-que-parfait

j'	avais	dit
tu	avais	dit
il	avait	dit
nous	avions	dit
vous	aviez	dit
ils	avaient	dit

Passé antérieur

j'	eus	dit
tu	eus	dit
il	eut	dit
nous	eûmes	dit
vous	eûtes	dit
ils	eurent	dit

Futur antérieur

j'	aurai	dit
tu	auras	dit
il	aura	dit
nous	aurons	dit
vous	aurez	dit
ils	auront	dit

Subjonctif

Présent

que	je	dise
que	tu	dises
qu'	il	dise
que	nous	disions
que	vous	disiez
qu'	ils	disent

Passé

que	j'	aie	dit
que	tu	aies	dit
qu'	il	ait	dit
que	nous	ayons	dit
que	vous	ayez	dit
qu'	ils	aient	dit

Imparfait

que	je	disse
que	tu	disses
qu'	il	dît
que	nous	dissions
que	vous	dissiez
qu'	ils	dissent

Plus-que-parfait

que	j'	eusse	dit
que	tu	eusses	dit
qu'	il	eût	dit
que	nous	eussions	dit
que	vous	eussiez	dit
qu'	ils	eussent	dit

Conditionnel

Présent

je	dirais
tu	dirais
il	dirait
nous	dirions
vous	diriez
ils	diraient

Passé

j'	aurais	dit
tu	aurais	dit
il	aurait	dit
nous	aurions	dit
vous	auriez	dit
ils	auraient	dit

Impératif

dis
disons
dites

Participe

Présent	Passé
disant	dit(e)

écrire
schreiben

Indicatif

Présent
j'	écris
tu	écris
il	écrit
nous	écrivons
vous	écrivez
ils	écrivent

Imparfait
j'	écrivais
tu	écrivais
il	écrivait
nous	écrivions
vous	écriviez
ils	écrivaient

Passé simple
j'	écrivis
tu	écrivis
il	écrivit
nous	écrivîmes
vous	écrivîtes
ils	écrivirent

Futur simple
j'	écrirai
tu	écriras
il	écrira
nous	écrirons
vous	écrirez
ils	écriront

Passé composé
j'	ai	écrit
tu	as	écrit
il	a	écrit
nous	avons	écrit
vous	avez	écrit
ils	ont	écrit

Plus-que-parfait
j'	avais	écrit
tu	avais	écrit
il	avait	écrit
nous	avions	écrit
vous	aviez	écrit
ils	avaient	écrit

Passé antérieur
j'	eus	écrit
tu	eus	écrit
il	eut	écrit
nous	eûmes	écrit
vous	eûtes	écrit
ils	eurent	écrit

Futur antérieur
j'	aurai	écrit
tu	auras	écrit
il	aura	écrit
nous	aurons	écrit
vous	aurez	écrit
ils	auront	écrit

Subjonctif

Présent
que	j'	écrive
que	tu	écrives
qu'	il	écrive
que	nous	écrivions
que	vous	écriviez
qu'	ils	écrivent

Passé
que	j'	aie	écrit
que	tu	aies	écrit
qu'	il	ait	écrit
que	nous	ayons	écrit
que	vous	ayez	écrit
qu'	ils	aient	écrit

Imparfait
que	j'	écrivisse
que	tu	écrivisses
qu'	il	écrivît
que	nous	écrivissions
que	vous	écrivissiez
qu'	ils	écrivissent

Plus-que-parfait
que	j'	eusse	écrit
que	tu	eusses	écrit
qu'	il	eût	écrit
que	nous	eussions	écrit
que	vous	eussiez	écrit
qu'	ils	eussent	écrit

Conditionnel

Présent
j'	écrirais
tu	écrirais
il	écrirait
nous	écririons
vous	écririez
ils	écriraient

Passé
j'	aurais	écrit
tu	aurais	écrit
il	aurait	écrit
nous	aurions	écrit
vous	auriez	écrit
ils	auraient	écrit

Impératif
écris
écrivons
écrivez

Participe

Présent	Passé
écrivant	écrit(e)

Indicatif

Présent

je	fais
tu	fais
il	fait
nous	faisons
vous	faites
ils	font

Imparfait

je	faisais
tu	faisais
il	faisait
nous	faisions
vous	faisiez
ils	faisaient

Passé simple

je	fis
tu	fis
il	fit
nous	fîmes
vous	fîtes
ils	firent

Futur simple

je	ferai
tu	feras
il	fera
nous	ferons
vous	ferez
ils	feront

Passé composé

j'	ai	fait
tu	as	fait
il	a	fait
nous	avons	fait
vous	avez	fait
ils	ont	fait

Plus-que-parfait

j'	avais	fait
tu	avais	fait
il	avait	fait
nous	avions	fait
vous	aviez	fait
ils	avaient	fait

Passé antérieur

j'	eus	fait
tu	eus	fait
il	eut	fait
nous	eûmes	fait
vous	eûtes	fait
ils	eurent	fait

Futur antérieur

j'	aurai	fait
tu	auras	fait
il	aura	fait
nous	aurons	fait
vous	aurez	fait
ils	auront	fait

Subjonctif

Présent

que	je	fasse
que	tu	fasses
qu'	il	fasse
que	nous	fassions
que	vous	fassiez
qu'	ils	fassent

Passé

que	j'	aie	fait
que	tu	aies	fait
qu'	il	ait	fait
que	nous	ayons	fait
que	vous	ayez	fait
qu'	ils	aient	fait

Imparfait

que	je	fisse
que	tu	fisses
qu'	il	fît
que	nous	fissions
que	vous	fissiez
qu'	ils	fissent

Plus-que-parfait

que	j'	eusse	fait
que	tu	eusses	fait
qu'	il	eût	fait
que	nous	eussions	fait
que	vous	eussiez	fait
qu'	ils	eussent	fait

Conditionnel

Présent

je	ferais
tu	ferais
il	ferait
nous	ferions
vous	feriez
ils	feraient

Passé

j'	aurais	fait
tu	aurais	fait
il	aurait	fait
nous	aurions	fait
vous	auriez	fait
ils	auraient	fait

Impératif

fais
faisons
faites

Participe

Présent	Passé
faisant	fait(e)

lire

lesen

Indicatif

Présent

je	lis
tu	lis
il	lit
nous	lisons
vous	lisez
ils	lisent

Passé composé

j'	ai	lu
tu	as	lu
il	a	lu
nous	avons	lu
vous	avez	lu
ils	ont	lu

Imparfait

je	lisais
tu	lisais
il	lisait
nous	lisions
vous	lisiez
ils	lisaient

Plus-que-parfait

j'	avais	lu
tu	avais	lu
il	avait	lu
nous	avions	lu
vous	aviez	lu
ils	avaient	lu

Passé simple

je	lus
tu	lus
il	lut
nous	lûmes
vous	lûtes
ils	lurent

Passé antérieur

j'	eus	lu
tu	eus	lu
il	eut	lu
nous	eûmes	lu
vous	eûtes	lu
ils	eurent	lu

Futur simple

je	lirai
tu	liras
il	lira
nous	lirons
vous	lirez
ils	liront

Futur antérieur

j'	aurai	lu
tu	auras	lu
il	aura	lu
nous	aurons	lu
vous	aurez	lu
ils	auront	lu

Subjonctif

Présent

que	je	lise
que	tu	lises
qu'	il	lise
que	nous	lisions
que	vous	lisiez
qu'	ils	lisent

Passé

que	j'	aie	lu
que	tu	aies	lu
qu'	il	ait	lu
que	nous	ayons	lu
que	vous	ayez	lu
qu'	ils	aient	lu

Imparfait

que	je	lusse
que	tu	lusses
qu'	il	lût
que	nous	lussions
que	vous	lussiez
qu'	ils	lussent

Plus-que-parfait

que	j'	eusse	lu
que	tu	eusses	lu
qu'	il	eût	lu
que	nous	eussions	lu
que	vous	eussiez	lu
qu'	ils	eussent	lu

Conditionnel

Présent

je	lirais
tu	lirais
il	lirait
nous	lirions
vous	liriez
ils	liraient

Passé

j'	aurais	lu
tu	aurais	lu
il	aurait	lu
nous	aurions	lu
vous	auriez	lu
ils	auraient	lu

Impératif

lis
lisons
lisez

Participe

Présent	Passé
lisant	lu(e)

Indicatif

Présent

je	mets
tu	mets
il	met
nous	mettons
vous	mettez
ils	mettent

Imparfait

je	mettais
tu	mettais
il	mettait
nous	mettions
vous	mettiez
ils	mettaient

Passé simple

je	mis
tu	mis
il	mit
nous	mîmes
vous	mîtes
ils	mirent

Futur simple

je	mettrai
tu	mettras
il	mettra
nous	mettrons
vous	mettrez
ils	mettront

Passé composé

j'	ai	mis
tu	as	mis
il	a	mis
nous	avons	mis
vous	avez	mis
ils	ont	mis

Plus-que-parfait

j'	avais	mis
tu	avais	mis
il	avait	mis
nous	avions	mis
vous	aviez	mis
ils	avaient	mis

Passé antérieur

j'	eus	mis
tu	eus	mis
il	eut	mis
nous	eûmes	mis
vous	eûtes	mis
ils	eurent	mis

Futur antérieur

j'	aurai	mis
tu	auras	mis
il	aura	mis
nous	aurons	mis
vous	aurez	mis
ils	auront	mis

Subjonctif

Présent

que	je	mette
que	tu	mettes
qu'	il	mette
que	nous	mettions
que	vous	mettiez
qu'	ils	mettent

Passé

que	j'	aie	mis
que	tu	aies	mis
qu'	il	ait	mis
que	nous	ayons	mis
que	vous	ayez	mis
qu'	ils	aient	mis

Imparfait

que	je	misse
que	tu	misses
qu'	il	mît
que	nous	missions
que	vous	missiez
qu'	ils	missent

Plus-que-parfait

que	j'	eusse	mis
que	tu	eusses	mis
qu'	il	eût	mis
que	nous	eussions	mis
que	vous	eussiez	mis
qu'	ils	eussent	mis

Conditionnel

Présent

je	mettrais
tu	mettrais
il	mettrait
nous	mettrions
vous	mettriez
ils	mettraient

Passé

j'	aurais	mis
tu	aurais	mis
il	aurait	mis
nous	aurions	mis
vous	auriez	mis
ils	auraient	mis

Impératif

mets
mettons
mettez

Participe

Présent	Passé
mettant	mis(e)

mouvoir

bewegen

Indicatif

Présent

je	meus
tu	meus
il	meut
nous	mouvons
vous	mouvez
ils	meuvent

Imparfait

je	mouvais
tu	mouvais
il	mouvait
nous	mouvions
vous	mouviez
ils	mouvaient

Passé simple

je	mus
tu	mus
il	mut
nous	mûmes
vous	mûtes
ils	murent

Futur simple

je	mouvrai
tu	mouvras
il	mouvra
nous	mouvrons
vous	mouvrez
ils	mouvront

Passé composé

j'	ai	mû
tu	as	mû
il	a	mû
nous	avons	mû
vous	avez	mû
ils	ont	mû

Plus-que-parfait

j'	avais	mû
tu	avais	mû
il	avait	mû
nous	avions	mû
vous	aviez	mû
ils	avaient	mû

Passé antérieur

j'	eus	mû
tu	eus	mû
il	eut	mû
nous	eûmes	mû
vous	eûtes	mû
ils	eurent	mû

Futur antérieur

j'	aurai	mû
tu	auras	mû
il	aura	mû
nous	aurons	mû
vous	aurez	mû
ils	auront	mû

Subjonctif

Présent

que	je	meuve
que	tu	meuves
qu'	il	meuve
que	nous	mouvions
que	vous	mouviez
qu'	ils	meuvent

Passé

que	j'	aie	mû
que	tu	aies	mû
qu'	il	ait	mû
que	nous	ayons	mû
que	vous	ayez	mû
qu'	ils	aient	mû

Imparfait

que	je	musse
que	tu	musses
qu'	il	mût
que	nous	mussions
que	vous	mussiez
qu'	ils	mussent

Plus-que-parfait

que	j'	eusse	mû
que	tu	eusses	mû
qu'	il	eût	mû
que	nous	eussions	mû
que	vous	eussiez	mû
qu'	ils	eussent	mû

Conditionnel

Présent

je	mouvrais
tu	mouvrais
il	mouvrait
nous	mouvrions
vous	mouvriez
ils	mouvraient

Passé

j'	aurais	mû
tu	aurais	mû
il	aurait	mû
nous	aurions	mû
vous	auriez	mû
ils	auraient	mû

Impératif

meus
mouvons
mouvez

Participe

Présent	Passé
mouvant	mû (mue)

Indicatif

Présent

je	plais
tu	plais
il	plaît
nous	plaisons
vous	plaisez
ils	plaisent

Imparfait

je	plaisais
tu	plaisais
il	plaisait
nous	plaisions
vous	plaisiez
ils	plaisaient

Passé simple

je	plus
tu	plus
il	plut
nous	plûmes
vous	plûtes
ils	plurent

Futur simple

je	plairai
tu	plairas
il	plaira
nous	plairons
vous	plairez
ils	plairont

Passé composé

j'	ai	plu
tu	as	plu
il	a	plu
nous	avons	plu
vous	avez	plu
ils	ont	plu

Plus-que-parfait

j'	avais	plu
tu	avais	plu
il	avait	plu
nous	avions	plu
vous	aviez	plu
ils	avaient	plu

Passé antérieur

j'	eus	plu
tu	eus	plu
il	eut	plu
nous	eûmes	plu
vous	eûtes	plu
ils	eurent	plu

Futur antérieur

j'	aurai	plu
tu	auras	plu
il	aura	plu
nous	aurons	plu
vous	aurez	plu
ils	auront	plu

Subjonctif

Présent

que	je	plaise
que	tu	plaises
qu'	il	plaise
que	nous	plaisions
que	vous	plaisiez
qu'	ils	plaisent

Passé

que	j'	aie	plu
que	tu	aies	plu
qu'	il	ait	plu
que	nous	ayons	plu
que	vous	ayez	plu
qu'	ils	aient	plu

Imparfait

que	je	plusse
que	tu	plusses
qu'	il	plût
que	nous	plussions
que	vous	plussiez
qu'	ils	plussent

Plus-que-parfait

que	j'	eusse	plu
que	tu	eusses	plu
qu'	il	eût	plu
que	nous	eussions	plu
que	vous	eussiez	plu
qu'	ils	eussent	plu

Conditionnel

Présent

je	plairais
tu	plairais
il	plairait
nous	plairions
vous	plairiez
ils	plairaient

Passé

j'	aurais	plu
tu	aurais	plu
il	aurait	plu
nous	aurions	plu
vous	auriez	plu
ils	auraient	plu

Impératif

plais
plaisons
plaisez

Participe

Présent	Passé
plaisant	plu *(unveränderlich)*

pouvoir

können

Indicatif

Présent

je	peux / puis-je ?
tu	peux
il	peut
nous	pouvons
vous	pouvez
ils	peuvent

Imparfait

je	pouvais
tu	pouvais
il	pouvait
nous	pouvions
vous	pouviez
ils	pouvaient

Passé simple

je	pus
tu	pus
il	put
nous	pûmes
vous	pûtes
ils	purent

Futur simple

je	pourrai
tu	pourras
il	pourra
nous	pourrons
vous	pourrez
ils	pourront

Passé composé

j'	ai	pu
tu	as	pu
il	a	pu
nous	avons	pu
vous	avez	pu
ils	ont	pu

Plus-que-parfait

j'	avais	pu
tu	avais	pu
il	avait	pu
nous	avions	pu
vous	aviez	pu
ils	avaient	pu

Passé antérieur

j'	eus	pu
tu	eus	pu
il	eut	pu
nous	eûmes	pu
vous	eûtes	pu
ils	eurent	pu

Futur antérieur

j'	aurai	pu
tu	auras	pu
il	aura	pu
nous	aurons	pu
vous	aurez	pu
ils	auront	pu

Subjonctif

Présent

que	je	puisse
que	tu	puisses
qu'	il	puisse
que	nous	puissions
que	vous	puissiez
qu'	ils	puissent

Passé

que	j'	aie	pu
que	tu	aies	pu
qu'	il	ait	pu
que	nous	ayons	pu
que	vous	ayez	pu
qu'	ils	aient	pu

Imparfait

que	je	pusse
que	tu	pusses
qu'	il	pût
que	nous	pussions
que	vous	pussiez
qu'	ils	pussent

Plus-que-parfait

que	j'	eusse	pu
que	tu	eusses	pu
qu'	il	eût	pu
que	nous	eussions	pu
que	vous	eussiez	pu
qu'	ils	eussent	pu

Conditionnel

Présent

je	pourrais
tu	pourrais
il	pourrait
nous	pourrions
vous	pourriez
ils	pourraient

Passé

j'	aurais	pu
tu	aurais	pu
il	aurait	pu
nous	aurions	pu
vous	auriez	pu
ils	auraient	pu

Impératif

—
—
—

Participe

Présent	Passé
pouvant	pu *(unveränderlich)*

recevoir
bekommen

Indicatif

Présent

je	reçois
tu	reçois
il	reçoit
nous	recevons
vous	recevez
ils	reçoivent

Imparfait

je	recevais
tu	recevais
il	recevait
nous	recevions
vous	receviez
ils	recevaient

Passé simple

je	reçus
tu	reçus
il	reçut
nous	reçûmes
vous	reçûtes
ils	reçurent

Futur simple

je	recevrai
tu	recevras
il	recevra
nous	recevrons
vous	recevrez
ils	recevront

Passé composé

j'	ai	reçu
tu	as	reçu
il	a	reçu
nous	avons	reçu
vous	avez	reçu
ils	ont	reçu

Plus-que-parfait

j'	avais	reçu
tu	avais	reçu
il	avait	reçu
nous	avions	reçu
vous	aviez	reçu
ils	avaient	reçu

Passé antérieur

j'	eus	reçu
tu	eus	reçu
il	eut	reçu
nous	eûmes	reçu
vous	eûtes	reçu
ils	eurent	reçu

Futur antérieur

j'	aurai	reçu
tu	auras	reçu
il	aura	reçu
nous	aurons	reçu
vous	aurez	reçu
ils	auront	reçu

Subjonctif

Présent

que	je	reçoive
que	tu	reçoives
qu'	il	reçoive
que	nous	recevions
que	vous	receviez
qu'	ils	reçoivent

Passé

que	j'	aie	reçu
que	tu	aies	reçu
qu'	il	ait	reçu
que	nous	ayons	reçu
que	vous	ayez	reçu
qu'	ils	aient	reçu

Imparfait

que	je	reçusse
que	tu	reçusses
qu'	il	reçût
que	nous	reçussions
que	vous	reçussiez
qu'	ils	reçussent

Plus-que-parfait

que	j'	eusse	reçu
que	tu	eusses	reçu
qu'	il	eût	reçu
que	nous	eussions	reçu
que	vous	eussiez	reçu
qu'	ils	eussent	reçu

Conditionnel

Présent

je	recevrais
tu	recevrais
il	recevrait
nous	recevrions
vous	recevriez
ils	recevraient

Passé

j'	aurais	reçu
tu	aurais	reçu
il	aurait	reçu
nous	aurions	reçu
vous	auriez	reçu
ils	auraient	reçu

Impératif

reçois
recevons
recevez

Participe

Présent	Passé
recevant	reçu(e)

savoir
wissen

Indicatif

Présent

je	sais
tu	sais
il	sait
nous	savons
vous	savez
ils	savent

Imparfait

je	savais
tu	savais
il	savait
nous	savions
vous	saviez
ils	savaient

Passé simple

je	sus
tu	sus
il	sut
nous	sûmes
vous	sûtes
ils	surent

Futur simple

je	saurai
tu	sauras
il	saura
nous	saurons
vous	saurez
ils	sauront

Passé composé

j'	ai	su
tu	as	su
il	a	su
nous	avons	su
vous	avez	su
ils	ont	su

Plus-que-parfait

j'	avais	su
tu	avais	su
il	avait	su
nous	avions	su
vous	aviez	su
ils	avaient	su

Passé antérieur

j'	eus	su
tu	eus	su
il	eut	su
nous	eûmes	su
vous	eûtes	su
ils	eurent	su

Futur antérieur

j'	aurai	su
tu	auras	su
il	aura	su
nous	aurons	su
vous	aurez	su
ils	auront	su

Subjonctif

Présent

que	je	sache
que	tu	saches
qu'	il	sache
que	nous	sachions
que	vous	sachiez
qu'	ils	sachent

Passé

que	j'	aie	su
que	tu	aies	su
qu'	il	ait	su
que	nous	ayons	su
que	vous	ayez	su
qu'	ils	aient	su

Imparfait

que	je	susse
que	tu	susses
qu'	il	sût
que	nous	sussions
que	vous	sussiez
qu'	ils	sussent

Plus-que-parfait

que	j'	eusse	su
que	tu	eusses	su
qu'	il	eût	su
que	nous	eussions	su
que	vous	eussiez	su
qu'	ils	eussent	su

Conditionnel

Présent

je	saurais
tu	saurais
il	saurait
nous	saurions
vous	sauriez
ils	sauraient

Passé

j'	aurais	su
tu	aurais	su
il	aurait	su
nous	aurions	su
vous	auriez	su
ils	auraient	su

Impératif

sache
sachons
sachez

Participe

Présent	Passé
sachant	su(e)

Indicatif

Présent

je	viens
tu	viens
il	vient
nous	venons
vous	venez
ils	viennent

Passé composé

je	suis	venu
tu	es	venu
il	est	venu
nous	sommes	venus
vous	êtes	venus
ils	sont	venus

Imparfait

je	venais
tu	venais
il	venait
nous	venions
vous	veniez
ils	venaient

Plus-que-parfait

j'	étais	venu
tu	étais	venu
il	était	venu
nous	étions	venus
vous	étiez	venus
ils	étaient	venus

Passé simple

je	vins
tu	vins
il	vint
nous	vînmes
vous	vîntes
ils	vinrent

Passé antérieur

je	fus	venu
tu	fus	venu
il	fut	venu
nous	fûmes	venus
vous	fûtes	venus
ils	furent	venus

Futur simple

je	viendrai
tu	viendras
il	viendra
nous	viendrons
vous	viendrez
ils	viendront

Futur antérieur

je	serai	venu
tu	seras	venu
il	sera	venu
nous	serons	venus
vous	serez	venus
ils	seront	venus

Subjonctif

Présent

que	je	vienne
que	tu	viennes
qu'	il	vienne
que	nous	venions
que	vous	veniez
qu'	ils	viennent

Passé

que	je	sois	venu
que	tu	sois	venu
qu'	il	soit	venu
que	nous	soyons	venus
que	vous	soyez	venus
qu'	ils	soient	venus

Imparfait

que	je	vinsse
que	tu	vinsses
qu'	il	vînt
que	nous	vinssions
que	vous	vinssiez
qu'	ils	vinssent

Plus-que-parfait

que	je	fusse	venu
que	tu	fusses	venu
qu'	il	fût	venu
que	nous	fussions	venus
que	vous	fussiez	venus
qu'	ils	fussent	venus

Conditionnel

Présent

je	viendrais
tu	viendrais
il	viendrait
nous	viendrions
vous	viendriez
ils	viendraient

Passé

je	serais	venu
tu	serais	venu
il	serait	venu
nous	serions	venus
vous	seriez	venus
ils	seraient	venus

Impératif

viens
venons
venez

Participe

Présent	Passé
venant	venu(e)

vivre

leben

Indicatif

Présent

je	vis
tu	vis
il	vit
nous	vivons
vous	vivez
ils	vivent

Imparfait

je	vivais
tu	vivais
il	vivait
nous	vivions
vous	viviez
ils	vivaient

Passé simple

je	vécus
tu	vécus
il	vécut
nous	vécûmes
vous	vécûtes
ils	vécurent

Futur simple

je	vivrai
tu	vivras
il	vivra
nous	vivrons
vous	vivrez
ils	vivront

Passé composé

j'	ai	vécu
tu	as	vécu
il	a	vécu
nous	avons	vécu
vous	avez	vécu
ils	ont	vécu

Plus-que-parfait

j'	avais	vécu
tu	avais	vécu
il	avait	vécu
nous	avions	vécu
vous	aviez	vécu
ils	avaient	vécu

Passé antérieur

j'	eus	vécu
tu	eus	vécu
il	eut	vécu
nous	eûmes	vécu
vous	eûtes	vécu
ils	eurent	vécu

Futur antérieur

j'	aurai	vécu
tu	auras	vécu
il	aura	vécu
nous	aurons	vécu
vous	aurez	vécu
ils	auront	vécu

Subjonctif

Présent

que	je	vive
que	tu	vives
qu'	il	vive
que	nous	vivions
que	vous	viviez
qu'	ils	vivent

Passé

que	j'	aie	vécu
que	tu	aies	vécu
qu'	il	ait	vécu
que	nous	ayons	vécu
que	vous	ayez	vécu
qu'	ils	aient	vécu

Imparfait

que	je	vécusse
que	tu	vécusses
qu'	il	vécût
que	nous	vécussions
que	vous	vécussiez
qu'	ils	vécussent

Plus-que-parfait

que	j'	eusse	vécu
que	tu	eusses	vécu
qu'	il	eût	vécu
que	nous	eussions	vécu
que	vous	eussiez	vécu
qu'	ils	eussent	vécu

Conditionnel

Présent

je	vivrais
tu	vivrais
il	vivrait
nous	vivrions
vous	vivriez
ils	vivraient

Passé

j'	aurais	vécu
tu	aurais	vécu
il	aurait	vécu
nous	aurions	vécu
vous	auriez	vécu
ils	auraient	vécu

Impératif

vis

vivons

vivez

Participe

Présent	Passé
vivant	vécu(e)

Indicatif

Présent

je	veux
tu	veux
il	veut
nous	voulons
vous	voulez
ils	veulent

Imparfait

je	voulais
tu	voulais
il	voulait
nous	voulions
vous	vouliez
ils	voulaient

Passé simple

je	voulus
tu	voulus
il	voulut
nous	voulûmes
vous	voulûtes
ils	voulurent

Futur simple

je	voudrai
tu	voudras
il	voudra
nous	voudrons
vous	voudrez
ils	voudront

Passé composé

j'	ai	voulu
tu	as	voulu
il	a	voulu
nous	avons	voulu
vous	avez	voulu
ils	ont	voulu

Plus-que-parfait

j'	avais	voulu
tu	avais	voulu
il	avait	voulu
nous	avions	voulu
vous	aviez	voulu
ils	avaient	voulu

Passé antérieur

j'	eus	voulu
tu	eus	voulu
il	eut	voulu
nous	eûmes	voulu
vous	eûtes	voulu
ils	eurent	voulu

Futur antérieur

j'	aurai	voulu
tu	auras	voulu
il	aura	voulu
nous	aurons	voulu
vous	aurez	voulu
ils	auront	voulu

Subjonctif

Présent

que	je	veuille
que	tu	veuilles
qu'	il	veuille
que	nous	voulions
que	vous	vouliez
qu'	ils	veuillent

Passé

que	j'	aie	voulu
que	tu	aies	voulu
qu'	il	ait	voulu
que	nous	ayons	voulu
que	vous	ayez	voulu
qu'	ils	aient	voulu

Imparfait

que	je	voulusse
que	tu	voulusses
qu'	il	voulût
que	nous	voulussions
que	vous	voulussiez
qu'	ils	voulussent

Plus-que-parfait

que	j'	eusse	voulu
que	tu	eusses	voulu
qu'	il	eût	voulu
que	nous	eussions	voulu
que	vous	eussiez	voulu
qu'	ils	eussent	voulu

Conditionnel

Présent

je	voudrais
tu	voudrais
il	voudrait
nous	voudrions
vous	voudriez
ils	voudraient

Passé

j'	aurais	voulu
tu	aurais	voulu
il	aurait	voulu
nous	aurions	voulu
vous	auriez	voulu
ils	auraient	voulu

Impératif

veux / veuille
voulons / veuillons
voulez / veuillez

Participe

Présent	Passé
voulant	voulu(e)

9 L'emploi des temps - *Der Gebrauch der Zeiten*

Die wichtigsten Zeiten in der Übersicht

VERGANGENHEIT		GEGENWART	ZUKUNFT	
Plusquamperfekt	Passé composé Passé simple Imparfait	Präsens	Futur II	Futur composé Futur I

Der Gebrauch des Präsens

Das Präsens wird benutzt, um

– *Vorgänge oder Zustände in der Gegenwart auszudrücken:*

Il fait les courses. *Er kauft ein.*
Il a beaucoup d'argent. *Er hat viel Geld.*

– Wiederholungen und Gewohnheiten zu bezeichnen:

Tous les jours, je me lève à 6 heures. *Ich stehe jeden Tag um 6 Uhr auf.*
Il ne prend jamais de petit-déjeuner. *Er frühstückt nie.*

– allgemeingültige Dinge zu beschreiben

Paris est la capitale de la France. *Paris ist die Hauptstadt Frankreichs.*

Der Gebrauch des *Imparfait*

Das Imparfait wird benutzt, um

- Beschreibungen in der Vergangenheit zu geben:

Il pleuvait toute la journée.	*Es hat den ganzen Tag geregnet.*

- Zustände in der Vergangenheit zu beschreiben:

Autrefois, on n'avait pas de voitures.	*Früher gab es keine Autos.*

- gewohnheitsmäßige Handlungen in der Vergangenheit auszudrücken:

Quand j'étais petite, je jouais dans le jardin.	*Als ich klein war, spielte ich im Garten.*

! Wenn du die Begleitumstände, Hintergrundinformationen, Kommentare oder Erklärungen eines Geschehens zum Ausdruck bringen möchtest, so brauchst du das Imparfait.

Der Gebrauch des *Passé composé*

Das Passé composé wird benutzt, für

- einmalige Handlungen und Ereignisse in der Vergangenheit:

Hier, je suis allé au cinéma.	*Gestern bin ich ins Kino gegangen.*
Je suis née le 10 mars 1962.	*Ich bin am 10. März 1962 geboren.*

- aufeinanderfolgende Handlungen, so genannte Handlungsketten, in der Vergangenheit:

La semaine dernière, Pierre est allé à Strasbourg. *Letzte Woche ist Pierre nach Strassburg gefahren.*
Il a fait des courses. Vers 20 heures, il est rentré. *Er war einkaufen. Gegen 20 Uhr ist er nach Hause gekommen.*

! Wenn du die eigentliche Handlung bzw. die Ereignisse ausdrücken möchtest, die im Vordergrund stehen, so benutze einfach das *Passé composé*.

Der Gebrauch des Plusquamperfekts

Der Gebrauch des Plusquamperfekts ist für Deutsche kinderleicht, da das Plusquamperfekt wie im Deutschen gebraucht wird.

Das Plusquamperfekt wird benutzt, um ein Ereignis oder einen Zustand zu bezeichnen, der vor einem anderen Geschehen oder Zustand in der Vergangenheit bereits abgeschlossen war:

Il voulait rendre visite à Christine, mais elle était déjà partie.
Er wollte Christine besuchen, aber sie war schon weggegangen.

Die folgende Grafik veranschaulicht die Regel:

VORVERGANGENHEIT	VERGANGENHEIT	GEGENWART
—— *Plusquamperfekt* ——	*Imparfait* *Passé composé* —— *Passé simple*	*Präsens* ——→

Der Gebrauch des *Passé simple*

Im Deutschen existiert das Passé simple nicht, deswegen ist der Gebrauch dieser Zeit für Deutsche schwierig. Aber das ist halb so schlimm, da das Passé simple im modernen Französisch der Gegenwart immer seltener benutzt wird.

Das Passé simple wird fast nur in der geschriebenen Sprache gebraucht. Es kommt hauptsächlich vor
- in literarischen Texten, z. B. Romanen, Märchen, Erzählungen;
- in historischen Texten, z. B. Geschichtsbüchern, Biographien;
- in Zeitungsartikeln.

Das Passé simple hat eine ähnliche Funktion wie das Passé composé. Es wird verwendet, für

- einmalige Handlungen und Ereignisse in der Vergangenheit:

Napoléon naquit en 1769. Il devint empereur en 1804. — *Napoleon wurde 1769 geboren. Er wurde 1804 Kaiser.*

- aufeinanderfolgende Handlungen, so genannte Handlungsketten, in der Vergangenheit:

Elle alla au bar. Là, elle but un café crème. — *Sie ging in die Bar. Dort trank sie einen Milchkaffee.*

Da das Passé simple in der gesprochenen Sprache fast nicht mehr verwendet wird, reicht es, wenn du seine Formen wiedererkennen und passiv verstehen kannst. Es reicht dabei auch, wenn du nur die 3. Person Singular und Plural erkennst, da es die am häufigsten verwendete Form im Passé simple ist.

Der Gebrauch des *Futur composé*

Das Futur composé wird verwendet, um Handlungen in der Zukunft bzw. nahen Zukunft zum Ausdruck zu bringen:

Qu'est-ce que tu vas faire maintenant ? - Je vais me coucher.	*Was wirst du jetzt machen?* *- Ich werde mich hinlegen.*

Wenn du dich in Frankreich über zukünftige Ereignisse oder Geschehnisse unterhalten willst, so ist das Futur composé eigentlich unumgänglich.

Der Gebrauch des Futurs I

Das Futur I oder Futur simple steht

- um künftige Ereignisse auszudrücken:

Demain, je lirai un livre.	*Morgen werde ich ein Buch lesen.*
J'espère que tu viendras demain.	*Ich hoffe, dass du morgen kommen wirst.*

- im Hauptsatz eines realen Bedingungssatzes:

Si tu réussis au bac, tu feras des études.	*Wenn du dein Abi bestehst, wirst du studieren.*

In der Regel wird in der geschriebenen Sprache Futur simple verwendet. In der gesprochenen Sprache begegnet man dem Futur simple und dem Futur composé.

Der Gebrauch des Futurs II

Das Futur II wird verwendet, um eine Handlung in der Zukunft auszudrücken, die bereits vor einem anderen zukünftigen Ereignis abgeschlossen ist:

Demain, je me reposerai quand j'aurai terminé mon exposé.	*Morgen werde ich mich ausruhen, wenn ich mein Referat fertig gemacht haben werde.*

Der Gebrauch des Konditionals I

Das Konditional I steht

- bei Ratschlägen:

À ta place, j'achèterais ce CD.	*An deiner Stelle, würde ich mir die CD kaufen.*

- bei Wünschen:

Il aimerait avoir un chien.	*Er hätte gerne einen Hund.*

- bei Bitten:

Pourriez-vous m'aider ?	*Könnten Sie mir helfen?*

- bei Möglichkeiten:

On pourrait faire une excursion.	*Wir könnten einen Ausflug machen.*

- bei Vermutungen:

Gavarnie serait à 100 kilomètres d'ici.	*Gavarnie ist wohl 100 km von hier weg.*

- im Hauptsatz eines irrealen Bedingungssatzes:

Si j'étais riche, je ne travaillerais pas. *Wenn ich reich wäre, würde ich nicht arbeiten.*

Im Deutschen steht im Gegensatz zum Französischen bei irrealen Bedingungssätzen sowohl im Hauptsatz als auch im Nebensatz das Konditional.

Der Gebrauch des Konditionals II

Der Konditional II steht im Hauptsatz eines irrealen Bedingungssatzes in der Vergangenheit:

Si j'avais été riche, j'aurais fait le tour du monde. *Wenn ich reich gewesen wäre, hätte ich eine Weltreise gemacht.*

Der Gebrauch des Partizips Präsens

Das Partizip Präsens wird hauptsächlich in der Schriftsprache verwendet. Es wird anstelle eines

- Relativsatzes mit **qui** verwendet:

Elle regarde un film racontant la vie d'un étudiant.	Partizip Präsens
Elle regarde un film qui raconte la vie d'un étudiant.	Relativsatz

Sie sieht einen Film, der das Leben eines Studenten erzählt.

- Kausalsatzes benutzt:

Partant tôt, nous sommes arrivés à l'heure.	Partizip Präsens
Comme nous sommes partis tôt, nous sommes arrivés à l'heure.	Kausalsatz
Da wir früh losgefahren sind, sind wir rechtzeitig angekommen.	

Der Gebrauch des Gerundiums

Das Deutsche kennt das Gerundium nicht, deswegen stellt das Gerundium für Deutsche eine kleine Herausforderung dar.

Das Gerundium wird sowohl in der gesprochenen als auch in der geschriebenen Sprache verwendet, um Sätze zu verkürzen.
Es kann einem zweiten Hauptsatz oder einem Nebensatz entsprechen.

Denk daran, dass ein Gerundium einen Nebensatz nur dann ersetzen kann, wenn der Neben- und der Hauptsatz dasselbe Subjekt haben.

Das Gerundium kann anstelle eines Temporalsatzes die Gleichzeitigkeit zweier Ereignisse/Geschehnisse zum Ausdruck bringen:

Gerundium:	**En travaillant, il pense à son congé.**
Temporalsatz:	**Pendant qu'il travaille, il pense à son congé.**
	Während er arbeitet, denkt er an seinen Urlaub.

Das Gerundium kann für einen Bedingungssatz stehen:

Gerundium:	**En regardant** la télé, il ne pourra pas lire le livre.
Bedingungssatz:	**S'il regarde** la télé, il ne pourra pas lire le livre.
	Wenn er fernsieht, kann er das Buch nicht lesen.
Gerundium:	**En regardant** la télé, il ne pourrait pas lire le livre.
Bedingungssatz:	**S'il regardait** la télé, il ne pourrait pas lire le livre.
	Wenn er fernsehen würde, könnte er das Buch nicht lesen.

Das Gerundium kann für einen Modalsatz stehen, der die Art und Weise ausdrückt:

Elle a gagné beaucoup d'argent en travaillant comme mannequin.
Sie hat viel Geld verdient, indem sie als Modell gearbeitet hat.

Der Gebrauch des *Subjonctif*

Der französische Subjonctif darf nicht mit dem deutschen Konjunktiv in Bezug auf seinen Gebrauch gleichgesetzt werden.

Der Subjonctif folgt automatisch auf bestimmte Verben und Ausdrücke mit **que**, die eine gewisse Einstellung des Sprechers ausdrücken.

1. Der Subjonctif steht nach Verben des Wünschens, Verlangens, Wollens und Verbietens in einem Nebensatz, der durch **que** eingeleitet wird, z. B.:

   Je veux que tu ailles à l'école. *Ich will, dass du in die Schule gehst.*

Verben, die zu dieser Gruppe gehören, sind u. a.:

aimer mieux que	*lieber mögen*	**interdire que**	*verbieten*
aimer que	*mögen*	**ordonner que**	*befehlen*
attendre que	*(er)warten*	**permettre que**	*erlauben, gestatten*
avoir envie que	*gern wollen, Lust haben*	**préférer que**	*vorziehen*
demander que	*verlangen*	**souhaiter que**	*wünschen*
désirer que	*wünschen*	**vouloir que**	*wollen*
exiger que	*fordern*		

2. Der *Subjonctif* steht nach Verben des Vorschlagens, Zustimmens, Ablehnens und Verhinderns in einem Nebensatz, der durch **que** eingeleitet wird, z. B.:

Il propose qu'ils fassent une excursion.	*Er schlägt vor, dass sie einen Ausflug machen.*

Verben, die zu dieser Gruppe gehören, sind u. a.:

accepter que	*akzeptieren*	**refuser que**	*ablehnen*
approuver que	*billigen*	**souffrir que**	*ertragen*
désapprouver que	*missbilligen*	**supporter que**	*ertragen*
empêcher que	*verhindern*	**tolérer que**	*ertragen, dulden*
éviter que	*vermeiden*	**vouloir bien que**	*einverstanden sein*
proposer que	*vorschlagen*		
recommander que	*empfehlen*		

3. Der Subjonctif steht nach Verben und Ausdrücken des subjektiven Empfindens und der wertenden Stellungnahme in einem Nebensatz, der durch **que** angeschlossen wird.

! Der **que**-Satz ist in diesem Fall nur möglich, wenn der einleitende Satz und der **que**-Satz verschiedene Subjekte haben:

Je regrette que mon copain ne puisse pas venir.	*Ich bedauere, dass mein Freund nicht kommen kann.*

Verben, die zu dieser Gruppe gehören, sind u. a.:

admirer que	*bewundern*	**craindre que**	*fürchten*
adorer que	*furchtbar gerne mögen*	**critiquer que**	*kritisieren*
aimer que	*(es) gern haben*	**déplorer que**	*bedauern, beklagen*
apprécier que	*(es) zu schätzen wissen*	**détester que**	*verabscheuen*
avoir honte que	*sich schämen*	**regretter que**	*bedauern*
avoir peur que	*Angst haben*	**s'étonner que**	*sich wundern, staunen*
(ne pas) comprendre que	*(nicht) verstehen können*	**s'indigner que**	*sich entrüsten*
		se réjouir que	*sich freuen*

! Aber aufgepasst! Nach **espérer que** *(hoffen)* steht der Indikativ und nach **se plaindre que** *(sich beklagen)* kann der Subjonctif oder der Indikativ stehen.

4. Auch nach Ausdrücken mit **être** oder **trouver** + Adjektiv, die das subjektive Empfinden oder die wertende Stellungnahme zum Ausdruck bringen, steht ebenfalls der Subjonctif in einem Nebensatz, der durch **que** eingeleitet wird, z. B.:

Il est important que vous fassiez vos devoirs.	*Es ist wichtig, dass ihr eure Hausaufgaben macht.*

Ausdrücke, die zu dieser Gruppe gehören, sind u. a.:

être content que	*zufrieden sein*	**trouver bizarre que**	*komisch finden*
être déçu que	*enttäuscht sein*	**trouver bon que**	*gut finden*
être désolé que	*untröstlich sein*	**trouver curieux que**	*seltsam finden*
être étonné que	*verwundert sein*	**trouver important que**	*wichtig finden*
être heureux que	*glücklich sein*	**trouver mauvais que**	*schlecht finden*
être satisfait que	*zufrieden sein*		
être surpris que	*überrascht sein*		
être triste que	*traurig sein*		

5. Der Subjonctif steht nach unpersönlichen Verben und Ausdrücken, z. B.:

Il est bon que tu viennes.	*Es ist gut, dass du kommst.*

Dazu gehören u. a.:

il est bizarre que	*es ist seltsam*
il est bon que	*es ist gut*
il est important que	*es ist wichtig*
il est mauvais que	*es ist schlecht*
il est nécessaire que	*es ist notwendig*

il est normal que	*es ist normal*
il est temps que	*es ist Zeit*
il est utile que	*es ist nützlich*
cela m'amuse que	*es amüsiert mich*
cela me gêne que	*es stört mich*
cela m'inquiète que	*es beunruhigt mich*
cela me plaît que	*es gefällt mir*
cela me surprend que	*es überrascht mich*
il convient que	*es ist angebracht*
il faut que	*es ist nötig/man muss*
il importe que	*es ist wichtig*
il suffit que	*es genügt*
il vaut mieux que	*es ist besser*

6. Der *Subjonctif* steht in der Regel nach Ausdrücken und Verben des Meinens und Denkens, die verneint sind und im Nebensatz mit **que** angeschlossen sind:

Je ne crois pas qu'ils sachent faire de la voile.	*Ich glaube nicht, dass sie segeln können.*

Zu dieser Gruppe gehören u. a.:

ne pas croire que	*nicht glauben*
ne pas espérer que	*nicht hoffen*
ne pas estimer que	*nicht meinen*
ne pas s'imaginer que	*sich nicht vorstellen*
ne pas penser que	*nicht denken*
ne pas se rappeler que	*sich nicht erinnern*
ne pas trouver que	*nicht finden*

7. Der Subjonctif steht in der Regel nach Ausdrücken und Verben des Bezweifelns, die im Nebensatz mit **que** angeschlossen sind:

Personne ne doute que le chômage soit un grand problème.	*Niemand bezweifelt, dass die Arbeitslosigkeit ein großes Problem ist.*

Zu dieser Gruppe gehören u. a.:

douter que	*bezweifeln*
contester que	*bestreiten*
nier que	*verneinen*

8. Der Subjonctif steht nach Ausdrücken und Verben des Sagens und Erklärens, die verneint und im Nebensatz mit **que** angeschlossen sind:

Il ne dit pas qu'elle sache nager.	*Er sagt nicht, dass sie schwimmen kann.*

Zu dieser Gruppe gehören u. a.:

affirmer que	*behaupten, versichern*	**dire que**	*sagen, behaupten*
assurer que	*versichern*		
avouer que	*gestehen*	**jurer que**	*schwören*
constater que	*feststellen*	**prétendre que**	*vorgeben*
déclarer que	*erklären*	**soutenir que**	*behaupten*

i Wenn du **promettre que** *(versprechen)* benutzt, ist alles ganz einfach! Verwende immer den Indikativ, denn der ist einfach und immer richtig.

9. Der Subjonctif steht in einem Relativsatz, wenn etwas als wünschenswert oder hypothetisch erachtet wird. Handelt es sich hingegen um eine Tatsache, so steht der Indikativ:

	Il cherche une maison **qui soit** bon marché. *Er sucht ein Haus, das günstig ist.*	Wunsch
Aber:	Il a une maison **qui est** bon marché. *Er hat ein Haus, das günstig ist.*	Tatsache

10. Der Subjonctif steht nach einigen Konjunktionen, z. B.:

Marc a acheté du pain sans que sa mère le sache.
Marc hat Brot gekauft, ohne dass seine Mutter davon wusste.
Marc aide sa mère pour qu'elle soit heureuse.
Marc hilft seiner Mutter, damit sie glücklich ist.

Zu den Subjonctif auslösenden Konjunktionen gehören u. a.:

à condition que	*unter der Bedingung, dass*
afin que	*damit*
avant que... (ne)	*bevor*
bien que	*obwohl, obgleich*
de peur que... (ne)	*damit nicht*
de crainte que... (ne)	*damit nicht*
jusqu'à ce que	*solange bis*
malgré que	*obwohl, obgleich*
pour que	*damit*
pourvu que	*vorausgesetzt, dass*
quoique	*obwohl, obgleich*
sans que	*ohne dass*
supposé que	*angenommen, dass*

10 Les types de phrases - *Satzarten*

Der Aussagesatz

Der Aussagesatz hat folgende Struktur:

ADVERBIALE BESTIMMUNG ZEIT/ORT	SUBJEKT	PRÄDIKAT	DIREKTES OBJEKT	INDIREKTES OBJEKT	ADVERBIALE BESTIMMUNG ZEIT/ORT
	J'	achète	un livre.		
	Je	donne	un livre	à Jean.	
Hier,	j'	ai donné	un livre	à Jean.	
Hier, à l'école,	j'	ai donné	un livre	à Jean.	
	Il	habite			en France.

Der Fragesatz

Die Intonationsfrage

Die Intonationsfrage wird im gesprochenen Französisch als Gesamtfrage häufig benutzt und ist ganz einfach.

Die Intonationsfrage behält die Stellung der Satzglieder des Aussagesatzes bei, wird aber wie im Deutschen mit steigender Intonation gesprochen, z. B.:

Luc va a l'ecole ? *Geht Luc in die Schule?*

Die Frage mit *est-ce que* als Entscheidungsfrage

Die Entscheidungsfrage, auch Gesamtfrage genannt, bezieht sich auf den ganzen Satz und enthält kein Fragepronomen. Auf eine Entscheidungsfrage kann man mit ja oder nein antworten.

Die Frage mit **est-ce que** existiert im Deutschen nicht. Man kann **est-ce que** in der deutschen Übersetzung daher auch nicht wiedergeben.

Die Frage mit **est-ce que** ist ganz einfach. Sie wird gebildet, indem man **est-ce que** vor den Aussagesatz setzt.

Die Stellung der einzelnen Satzglieder im Aussagesatz bleibt dabei unverändert.

Vor Vokal und stummem h wird **est-ce que** zu **est-ce qu'**.

EST-CE QUE	AUSSAGESATZ	
Est-ce que	*tu vas à l'ecole ?*	*Gehst du in die Schule?*
Est-ce qu'	*on va au cinéma ce soir ?*	*Gehen wir heute Abend ins Kino?*

Die Frage mit Fragepronomen

Eine Frage mit Fragepronomen nennt man auch eine Ergänzungsfrage. Im Französischen findet man u. a. folgende Fragepronomen:

à quelle heure	*um wie viel Uhr*
à qui	*wen, wem*
à quoi	*woran, wofür*
combien	*wie viel*
combien de temps	*wie lange*
comment	*wie*
d'où	*woher*
de qui	*von wem*
de quoi	*wovon*
depuis quand	*seit wann*
où	*wo, wohin*
pourquoi	*warum*
quand	*wann*
que	*was*
quel(s), quelle(s)	*welcher, welche, welches*
qui	*wer*

Die Frage mit *est-ce que* + Fragepronomen

Lege dein besonderes Augenmerk auf die Frage mit **est-ce que**, da sie immer gebräuchlich und richtig ist.

Werden Fragen mit Fragepronomen mit **est-ce que** gebildet, dann herrscht das folgende Schema vor:

FRAGEWORT	EST-CE QUE	SUBJEKT	PRÄDIKAT	OBJEKT	ADVERBIALE BESTIMMUNGEN
Quand	est-ce que	tu	ranges	ta chambre ?	
Wann räumst du dein Zimmer auf?					
Où	est-ce que	tu	as trouvé	ton sac ?	
Wo hast du deine Tasche gefunden?					

FRAGEWORT	EST-CE QUE	SUBJEKT	PRÄDIKAT	OBJEKT	ADVERBIALE BESTIMMUNGEN
Pourquoi	est-ce que	vous	étudiez	le français ?	
Warum lernt ihr Französisch?					
Qu'	est-ce qu'	il	fait		demain ?
Was macht er morgen?					

Bei Ergänzungsfragen mit **est-ce que** steht zunächst das Fragepronomen und direkt danach folgt **est-ce que/est-ce qu'**. Im Anschluss daran folgen die restlichen Satzglieder.

Bei diesen Fragen mit Fragepronomen entspricht die Wortstellung in der französischen Sprache nicht der deutschen Sprache, da im Deutschen

1. die Entsprechung für **est-ce que** fehlt,
2. das Subjekt hinter dem Verb steht.
   Zum Beispiel:

Quand est-ce que tu as rendez-vous ? — *Wann bist du verabredet?*

Die Frage mit nachgestelltem Fragepronomen

Im Gegensatz zum Deutschen kann das Fragepronomen in der französischen Umgangssprache auch nachgestellt werden, z. B.:
Tu habites où ? — *Wo wohnst du?*

Die Bildung der Frage mit nachgestelltem Fragepronomen ist ein Kinderspiel, da man an den Aussagesatz einfach das entsprechende Fragepronomen anhängt. Die Stellung der Satzglieder im Aussagesatz bleibt dabei erhalten.

AUSSAGESATZ	FRAGEPRONOMEN	
Tu t'appelles	**comment ?**	*Wie heißt du?*
Tu pars	**quand ?**	*Wann fährst du?*
Tu arrives	**d'où ?**	*Woher kommst du?*

Das Fragepronomen que wird bei Nachstellung zu **quoi**:

Tu fais quoi ? — *Was machst du?*

Die Frage mit *qui*

Mit **qui** fragt man nach einer Person.

Die Frage nach dem Subjekt

Wenn du nach einer Person, die Subjekt des Satzes ist, fragen möchtest, kannst du **qui est-ce qui** verwenden:

Qui est-ce qui habite à Paris ? — *Wer wohnt in Paris?*

Du kannst dir aber auch das Leben erleichtern und die Frage nur mit **qui** bilden:

Qui habite à Paris ? — *Wer wohnt in Paris?*

Die Frage nach dem Objekt

Wenn du nach einer Person fragen möchtest, die Objekt des Satzes ist, verwendest du **qui est-ce que.**

i Merke dir einfach: Wird **qui** mit einer Präposition verbunden, dann musst du **est-ce que** (oder Inversion) verwenden, z. B.:
À qui est-ce que tu donnes le livre ? *Wem gibst du das Buch?*

Die Frage

- nach dem direkten Objekt erfolgt mit **qui est-ce que**:

Qui est-ce que vous cherchez ? — *Wen suchen Sie?*

- nach dem indirekten Objekt erfolgt mit **à qui est-ce que**:

À qui est-ce que tu penses ? — *An wen denkst du?*

Die Frage mit *que*

Mit **que** fragt man nach Sachen.

Die Frage nach dem Subjekt

Wenn du nach einer Sache fragen möchtest, die Subjekt des Satzes ist, verwendest du qu'est-ce qui.

Qu'est-ce qui s'est passé ? *Was ist passiert?*

Die Frage nach dem Objekt

Wenn du nach dem direkten Objekt fragst, dann verwende **que** oder **qu'est-ce que**:

Qu'est-ce que tu cherches ? *Was suchst du?*

! Aber aufgepasst! Bei der Frage nach dem indirekten Objekt wird **à quoi** verwendet, z. B.:

À quoi est-ce qu'il pense ? *Woran denkt er?*

Die Inversionsfrage

→← Die Inversionsfrage ist dem Deutschen recht ähnlich. Sie wird allerdings im gesprochenen Französisch nicht sehr häufig verwendet. Man trifft sie hauptsächlich in schriftlich fixierten Texten an, z. B. in Briefen usw.

Die Inversionsfrage mit und ohne Fragewort wird wie folgt gebildet:

FRAGEWORT	VERB + SUBJEKTPRONOMEN	ERGÄNZUNGEN	
Quand	**pars-tu**	en vacances ?	*Wann fährst du in Urlaub?*
Comment	**vas-tu**	en vacances ?	*Wie fährst du in Urlaub?*
Comment	**va-t-il ?**		*Wie geht es ihm?*
Où	**habite-t-elle ?**		*Wo wohnt sie?*
	Veux-tu	prendre le train ?	*Möchtest du den Zug nehmen?*

Bei der Inversionsfrage steht das Subjektpronomen hinter dem Verb. Zwischen Verb und Subjekt wird ein Bindestrich eingefügt.

In der 3. Person Singular bei **il**, **elle** oder **on** tritt zwischen Verb und Subjektpronomen ein **-t-**, wenn die Verbform auf **-e** oder **-a** endet.

Die Fragewörter stehen bei Inversionsfragen vor dem Verb.

! Wenn das Subjekt aus einem Substantiv besteht, wird die Sache komplizierter, denn ein Substantiv kann nicht hinter dem Verb stehen. Aus diesem Grund lautet die Frage wie folgt:

Jean veut-il aller à Paris ? *Will Jean nach Paris fahren?*

Wenn man die Inversionsfrage bilden möchte und ein Substantiv Subjekt des Satzes ist, so bleibt der Aussagesatz erhalten, und an das Verb wird das entsprechende Subjektpronomen mit Hilfe eines Bindestrichs angehängt.

Annie habite-t-elle à Paris ? *Wohnt Annie in Paris?*
Monsieur Leroc connaît-il la France ? *Kennt Herr Leroc Frankreich?*

Einige kurze Fragen werden auch in der gesprochenen Sprache als Inversionsfragen gebildet, z.B.

Quelle heure est-il ?	*Wie viel Uhr ist es?*
Comment allez-vous ?	*Wie geht es Ihnen?*

Der Relativsatz

Der Relativsatz mit *qui*

Das Relativpronomen **qui** leitet einen Relativsatz ein, bei dem **qui** gleichzeitig Subjekt des Relativsatzes ist.

Qui ist unveränderlich und kann sich im Singular und Plural

- auf Personen beziehen:

J'ai une amie qui m'aide toujours.	*Ich habe eine Freundin, die mir immer hilft.*

- auf Sachen beziehen:

J'ai reçu un livre qui me plaît beaucoup.	*Ich habe ein Buch bekommen, das mir sehr gefällt.*

Abweichend vom Deutschen wird im Französischen nicht zwischen *der*, *die* und *das* unterschieden.

Benutze immer **qui**, wenn ein Verb oder ein Objektpronomen mit Verb dem Relativpronomen folgt.

Der Relativsatz mit *que*

Das Relativpronomen **que** leitet einen Relativsatz ein, bei dem **que** gleichzeitig direktes Objekt des Relativsatzes ist.

Que, das sich vor Vokal und stummem h in **qu'** verwandelt, kann sich im Singular und Plural

- auf Personen beziehen:

J'ai une amie que j'aime beaucoup. — *Ich habe eine Freundin, die ich sehr gerne mag.*

- auf Sachen beziehen:

J'ai reçu un livre que j'aime beaucoup. — *Ich habe ein Buch bekommen, das ich gerne mag.*

→← Auch hier wird abweichend vom Deutschen nicht zwischen *der*, *die* und *das* unterschieden.

i Mache dir das Leben leicht und benutze **que**, wenn dem Relativpronomen ein Subjekt folgt.

Der Relativsatz mit *dont*

Das Relativpronomen dont vertritt Ergänzungen mit **de** in einem Relativsatz.

Dont bezieht sich im Singular und Plural

- auf Personen:

Le père **de** Luc est chef d'entreprise.
Luc dont le père est chef d'entreprise est très sympathique.
Luc, dessen Vater ein Unternehmen leitet, ist sehr sympathisch.

Marie est amoureuse **de** Paul.
C'est Paul dont Marie est amoureuse.
Es ist Paul, in den Marie verliebt ist.

- auf Sachen:

Il a besoin **d'**une maison.
Il cherche la maison dont il a besoin.
Er sucht das Haus, das er braucht.

J'ai parlé **de** cette ville.
C'est la ville dont j'ai beaucoup parlé.
Das ist die Stadt, von der ich viel gesprochen habe.

Der Relativsatz mit *lequel, laquelle, lesquels, lesquelles*

Die Formen von *lequel*

Je nachdem, ob **lequel** männlich, weiblich, im Singular oder im Plural steht, weist es unterschiedliche Formen auf.

	MÄNNLICH	WEIBLICH
Singular	**lequel**	**laquelle**
Plural	**lesquels**	**lesquelles**

Der Gebrauch von *lequel* im Relativsatz

Die Relativpronomen **lequel**, **laquelle**, **lesquels** und **lesquelles** vertreten in der Regel in einem Relativsatz Sachen oder Personen, die nach

- Präpositionen stehen:

C'était un hiver **pendant** **lequel** il neigeait.
Es war ein Winter, während dem es schneite.

C'était la raison **pour** **laquelle** il y avait beaucoup d'accidents.
Das war der Grund, weswegen es viele Unfälle gab.

Les personnes **pour** **lesquelles** je travaille sont gentilles.
Die Personen, für die ich arbeite, sind nett.

- präpositionalen Ausdrücken stehen:

Il a une maison **à côté de** **laquelle** se trouve la gare.
Er hat ein Haus, neben dem sich der Bahnhof befindet.

Folgt **lequel**, **laquelle**, **lesquels** oder **lesquelles** der Präposition **à**, so entstehen folgende neue Verbindungen, z. B.:

Les livres auxquels je m'intéresse sont bon marché.
Die Bücher, für die ich mich interessiere, sind billig.

à	+	lequel	=	auquel
à	+	laquelle	=	à laquelle
à	+	lesquels	=	auxquels
à	+	lesquelles	=	auxquelles

Folgt **lequel**, **laquelle**, **lesquels** oder **lesquelles** der Präposition **de**, so entstehen folgende neue Verbindungen, z. B.:

Le village près duquel se trouve l'autoroute a beaucoup d'hôtels.
Das Dorf, in dessen Nähe sich die Autobahn befindet, hat viele Hotels.

de	+	lequel	=	duquel
de	+	laquelle	=	de laquelle
de	+	lesquels	=	desquels
de	+	lesquelles	=	desquelles

! Die Formen **duquel**, **de laquelle** usw. finden nur dann Verwendung, wenn ihnen eine Präposition, z. B. **près de**, vorausgeht.

Einfache Ergänzungen mit **de** werden im Relativsatz durch **dont** vertreten, z. B.:

Les habitants de ce village sont surtout des paysans.
Die Bewohner dieses Dorfes sind hauptsächlich Bauern.

Le village, dont les habitants sont surtout des paysans, se trouve près d'Avignon.
Das Dorf, dessen Bewohner hauptsächlich Bauern sind, befindet sich in der Nähe von Avignon.

Il habite près d'une ville.
Er wohnt in der Nähe einer Stadt.

Voilà la ville près de laquelle il habite.
Hier ist die Stadt, in deren Nähe er wohnt.

Der Relativsatz mit *où*

Das Relativpronomen **où** vertritt Ortsbestimmungen im Relativsatz.

Montpellier est la ville où Jean fait ses études.
Montpellier ist die Stadt, in der Jean studiert.

Der Relativsatz mit *ce qui, ce que*

Die Relativpronomen **ce qui** und **ce que**, die kein direktes Bezugswort haben, benutzt man, um das deutsche was zum Ausdruck zu bringen.

Ce qui ist Subjekt:	**Je sais bien ce qui m'intéresse.**	*Ich weiß sehr wohl, was mich interessiert.*
Ce que ist Objekt:	**Je sais bien ce que Julien a dit.**	*Ich weiß sehr wohl, was Julien gesagt hat.*

i Die Sache ist ganz einfach! Folgt ein Subjekt, dann verwende **ce que**. Folgt hingegen kein Subjekt, benutze **ce qui**.

Der Bedingungssatz

Der reale Bedingungssatz

Der Gebrauch des realen Bedingungssatzes

Der reale Bedingungssatz wird verwendet, wenn es sich um eine Bedingung handelt, die tatsächlich erfüllt werden kann, z. B.:

Si j'ai le temps, je lirai un livre. *Wenn ich Zeit habe, lese ich ein Buch.*

Die Bildung des realen Bedingungssatzes

SI-SATZ IM PRÄSENS	HAUPTSATZ IM FUTUR I/PRÄSENS	
Si tu **as** le temps,	nous **ferons** les courses.	*Wenn du Zeit hast, gehen wir einkaufen.*
S'il **fait** beau,	je **vais** à la piscine.	*Wenn das Wetter schön ist, gehe ich ins Schwimmbad.*

Wenn du einen realen Bedingungssatz bilden möchtest, dann beachte folgende Zeitenfolge:

Im **si**-Satz steht das Präsens und im Hauptsatz wird das Futur I (Futur simple) oder das Präsens verwendet. **Si** wird vor Vokal zu **s'**.

Der irreale Bedingungssatz

Der Gebrauch des irrealen Bedingungssatzes

Der irreale Bedingungssatz wird verwendet, wenn eine Bedingung irreal ist, d. h. wenn sie der Wirklichkeit nicht entspricht und wenn ihre Erfüllung fraglich oder unmöglich ist, z. B.:

Si j'étais riche, je ferais le tour du monde.	*Wenn ich reich wäre, würde ich eine Weltreise machen.*

Die Bildung des irrealen Bedingungssatzes

→← Wenn du einen französischen Bedingungssatz bilden möchtest, darfst du im **si**-Satz nie das Konditional verwenden, wie das im Deutschen der Fall ist.

Verwende im **si**-Satz immer das Imparfait.

SI-SATZ IM IMPARFAIT	HAUPTSATZ IM KONDITIONAL
S'il avait plus d'argent,	**il achèterait une maison.**
Wenn er mehr Geld hätte, würde er ein Haus kaufen.	
Si je faisais le tour du monde,	**je ferais la connaissance de beaucoup de gens.**
Wenn ich eine Weltreise machen würde, würde ich viele Leute kennen lernen.	

Bei der Bildung des irrealen Bedingungssatzes musst du folgende Zeitenfolge beachten:

Im **si**-Satz steht das Imparfait und im Hauptsatz wird das Konditional verwendet.

Der irreale Bedingungssatz in der Vergangenheit

Der irreale Bedingungssatz in der Vergangenheit wird verwendet, wenn eine Bedingung in der Vergangenheit unerfüllt geblieben ist. Es handelt sich somit um einen rein hypothetischen Satz.

Si j'avais été riche, j'aurais fait le tour du monde.
Wenn ich reich gewesen wäre, hätte ich eine Weltreise gemacht.

Im **si**-Satz steht das Plusquamperfekt und im Hauptsatz das Konditional II.

Die indirekte Rede

Die Bildung der indirekten Rede und der indirekten Frage

Die indirekte Rede

Die indirekte Rede wird durch **que** eingeleitet:

Elle dit que la jupe est bon marché.
Sie sagt, dass der Rock billig ist.

Vor Vokal wird **que** zu **qu'**:

Elle dit qu'il a raison.
Sie sagt, dass er Recht hat.

Die indirekte Frage

Die indirekte Frage wird

- durch **si** eingeleitet:

Elle demande si Luc veut aller au cinéma.
Sie fragt, ob Luc ins Kino gehen will.

- durch **s'** vor Vokal eingeleitet:

Elle demande s' il veut aller au cinéma.
Sie fragt, ob er ins Kino gehen will.

- durch das entsprechende Fragewort eingeleitet:

Paul veut savoir où son copain travaille.
Paul möchte wissen, wo sein Freund arbeitet.

Elle veut savoir pourquoi Nicole habite à Lyon.
Sie möchte wissen, warum Nicole in Lyon wohnt.

Il me demande quand j'ai commencé à travailler.
Er fragt mich, wann ich angefangen habe zu arbeiten.

Im Gegensatz zum Deutschen ändert sich die Wortstellung im Französischen in der indirekten Rede/Frage nicht. Außerdem steht kein Komma, z. B.:

Paul dit qu'il a peu d'argent. *Paul sagt, dass er wenig Geld hat.*
Paul veut savoir si j'ai de l'argent. *Paul will wissen, ob ich Geld habe.*

Die Zeitenfolge in der indirekten Rede und in der indirekten Frage

Die Zeitenfolge in der Gegenwart

Steht das redeeinleitende Verb im Präsens, so steht das Verb im Nebensatz, d. h. in der indirekten Rede/Frage, in der gleichen Zeit wie in der direkten Rede/Frage.

Direkte Rede:	**Marie dit: « Je vais partir en vacances. »** *Marie sagt: „Ich werde in Urlaub fahren."*
Indirekte Rede:	**Marie dit qu'elle va partir en vacances.** *Marie sagt, dass sie in Urlaub fahren wird.*

Die Zeitenfolge in der Vergangenheit

Wenn du die indirekte Rede in der Vergangenheit benutzt, dann gilt es einige Besonderheiten im Hinblick auf die Verwendung der Zeiten zu beachten.

DIREKTE REDE	INDIREKTE REDE
1. Präsens **Il a dit: « Elle va au cinéma. »** *Er hat gesagt: „Sie geht ins Kino."*	*Imparfait* **Il a dit qu'elle allait au cinéma.** *Er hat gesagt, dass sie ins Kino geht.*
2. Passé composé **Il avait dit: « Elle est allée au cinéma. »** *Er hatte gesagt: „Sie ist ins Kino gegangen."*	*Plus-que-parfait* **Il avait dit qu'elle était allée au cinéma.** *Er hatte gesagt, dass sie ins Kino gegangen war.*

3. Imparfait Il disait: « Elle allait au cinéma. » *Er sagte: „Sie ging ins Kino."*	*Imparfait* Il disait qu'elle allait au cinéma. *Er sagte, dass sie ins Kino gegangen sei.*
4. Plus-que-parfait Il a dit: « Elle était allée au cinéma. » *Er sagte: „Sie war ins Kino gegangen."*	*Plus-que-parfait* Il a dit qu'elle était allée au cinéma. *Er sagte, dass sie ins Kino gegangen war.*
5. Futur I Il disait: « Elle ira au cinéma. » *Er sagte: „Sie wird ins Kino gehen."*	*Konditional I* Il disait qu'elle irait au cinéma. *Er sagte, dass sie ins Kino gehen würde.*
6. Futur II Il a dit: « Elle sera allée au cinéma. » *Er sagte: „Sie wird ins Kino gegangen sein."*	*Konditional II* Il a dit qu'elle serait allée au cinéma. *Er sagte, dass sie ins Kino gegangen sein würde.*
7. Konditional I Il disait: « Elle irait au cinéma. » *Er sagte: „Sie würde ins Kino gehen."*	*Konditional I* Il disait qu'elle irait au cinéma. *Er sagte, dass sie ins Kino gehen würde.*
8. Konditional II Il a dit: « Elle serait allée au cinéma. » *Er sagte: „Sie wäre ins Kino gegangen."*	*Konditional II* Il a dit qu'elle serait allée au cinéma. *Er sagte, dass sie ins Kino gegangen wäre.*

Steht das redeeinleitende Verb in einer Zeit der Vergangenheit, d. h. im Passé composé, Imparfait oder Plus-que-parfait, so verändert sich die zu verwendende Zeit im Nebensatz gegenüber der direkten Rede/Frage in einigen Zeiten.

DIREKTE REDE/FRAGE		INDIREKTE REDE/FRAGE
Präsens	→	Imparfait
Passé composé	→	Plus-que-parfait
Futur I	→	Konditional I
Futur II	→	Konditional II
Imparfait	bleibt	Imparfait
Plus-que-parfait	bleibt	Plus-que-parfait
Konditional I	bleibt	Konditional I
Konditional II	bleibt	Konditional II

! Diese Zeitenverschiebung gilt übrigens nicht nur in der indirekten Rede/Frage, sondern auch in anderen Nebensätzen, z. B.:

Je crois que tu es en vacances. Präsens
Ich glaube, dass du in den Ferien bist.

Je croyais que tu étais en vacances. Imparfait
Ich glaubte, dass du in den Ferien seiest.

11 Les numéraux/les indications du temps - *Zahlen/Zeitangaben*

Die Grundzahlen

0	zéro	*67*	soixante-sept
1	un, une	*70*	soixante-dix
2	deux	*71*	soixante et onze
3	trois	*72*	soixante-douze
4	quatre	*73*	soixante-treize
5	cinq	*74*	soixante-quatorze
6	six	*75*	soixante-quinze
7	sept	*76*	soixante-seize
8	huit	*77*	soixante-dix-sept
9	neuf	*78*	soixante-dix-huit
10	dix	*79*	soixante-dix-neuf
11	onze	*80*	quatre vingts
12	douze	*81*	quatre-vingt-un/une
13	treize	*82*	quatre-vingt-deux
14	quatorze	*83*	quatre-vingt-trois
15	quinze	*90*	quatre-vingt-dix
16	seize	*91*	quatre-vingt-onze
17	dix-sept	*92*	quatre-vingt-douze
18	dix-huit	*100*	cent
19	dix-neuf	*101*	cent un/une
20	vingt	*102*	cent deux
21	vingt et un/une	*110*	cent dix
22	vingt-deux	*153*	cent cinquante-trois
23	vingt-trois	*200*	deux cents
24	vingt-quatre	*210*	deux cent dix
25	vingt-cinq	*300*	trois cents
26	vingt-six	*385*	trois cent quatre-vingt-cinq

27	vingt-sept	*400*	quatre cents
28	vingt-huit	*500*	cinq cents
29	vingt-neuf	*600*	six cents
30	trente	*700*	sept cents
31	trente et un/une	*800*	huit cents
32	trente-deux	*900*	neuf cents
33	trente-trois	*1000*	mille
40	quarante	*1001*	mille un/une
41	quarante et un/une	*1140*	mille cent quarante
44	quarante-quatre	*2000*	deux mille
50	cinquante		
51	cinquante et un/une	*1 000 000*	un million
56	cinquante-six	*2 000 000*	deux millions
60	soixante	*1 000 000 000*	un milliard
61	soixante et un/une	*2 000 000 000*	deux milliards

! 1. Wenn hinter Zahlen mit **un** bzw. **une** ein Substantiv folgt, so steht bei männlichen Substantiven un und bei weiblichen Substantiven **une**, z. B.:

J'ai quatre-vingt-un livres. aber: J'ai vingt et une jupes.

2. Bei 21, 31, 41, 51 und 61 steht zwischen Zehnern und Einern **et**, z. B.:

21 **vingt et un** 61 **soixante et un**

Ebenso steht bei 71 das **et**: **soixante et onze**

Bei 81, bei den Hundertern und Tausendern folgt **un/une** ohne das Wörtchen **et**, z. B.:

201 **deux cent un** 1001 **mille un** usw.

3. Bei den restlichen Zahlen von 17 bis 100 werden die Zehner und Einer mit einem Bindestrich verbunden:

17	**dix-sept**	22	**vingt-deux**
34	**trente-quatre**		

4. Die Zahl **quatre-vingts** (80) wird mit **-s** geschrieben. Bei 81–99 fällt das **-s** weg, z. B.:

81	**quatre-vingt-un/une**	97	**quatre-vingt-dix-sept** usw.

5. Nur die vollen Hunderter erhalten ein **-s**, z. B.:

200	**deux cents**	300	**trois cents** usw.

Folgt dem Hunderter eine weitere Zahl, fällt das **-s** weg, z. B.:

208 **deux cent huit**

6. An Hunderter, Tausender, Millionen und Milliarden werden die anderen Zahlen ohne Bindestrich angehängt, z. B.:

245	**deux cent quarante-cinq**
1005	**mille cinq**
2 100 000	**deux millions cent mille**

7. **Mille** ist unveränderlich, z. B.:

2000 **deux mille**

8. Folgt auf **milliard** oder **million** ein Substantiv, so wird **de** eingefügt, wenn es sich um runde Zahlen handelt, denen keine weiteren Zahlen folgen:

Il me faut encore trois millions d'euros pour acheter cette maison.
Mais j'ai déjà un million cinq cents euros.
Ich brauche noch drei Millionen Euro um dieses Haus zu kaufen.
Aber ich habe schon eine Million fünfhunderttausend Euro.

i Du wirst die französische Schweiz und das französische Belgien lieben, wenn du sehen wirst, wie einfach dort 70, 80 und 90 sind. In der französischsprachigen Schweiz und in Belgien werden septante für 70 und nonante für 90 benutzt. Huitante für 80 kommt nur in der Schweiz vor. Die Einer werden an die Zehner wie von 20-69 angehängt, z. B.:

72 **septante-deux**
94 **nonante-quatre**

9. Im Französischen gibt es im Gegensatz zum Deutschen zwei Möglichkeiten, Jahreszahlen auszusprechen, wobei die erste Variante in Frankreich bevorzugt wird.

2004 **deux mille quatre**
vingt cent quatre

Die Ordnungszahlen

1er/(ie)re	le premier/la première	*16e*	le/la seizième
2e		*17e*	le/la dix-septième
2nd/nde	le/la deuxième oder le second/ la seconde	*18e*	le/la dix-huitième
		19e	le/la dix-neuvième
		20e	le/la vingtième
3e	le/la troisième	*21e*	le/la vingt et unième
4e	le/la quatrième	*22e*	le/la vingt-deuxième
5e	le/la cinquième	*23e*	le/la vingt-troisième
6e	le/la sixième	*30e*	le/la trentième
7e	le/la septième	*70e*	le/la soixante-dixième
8e	le/la huitième	*71e*	le/la soixante et onzième
9e	le/la neuvième	*80e*	le/la quatre-vingtième
10e	le/la dixième	*81e*	le/la quatre-vingt-unième
11e	le/la onzième	*90e*	le/la quatre-vingt-dixième
12e	le/la douzième	*91e*	le/la quatre-vingt-onzième
13e	le/la treizième	*97e*	le/la quatre-vingt-dix-septième
14e	le/la quatorzième	*100e*	le/la centième
15e	le/la quinzième		

Die Ordnungszahlen werden gebildet, indem man die Endung **-ième** an die jeweilige Grundzahl anhängt.

Bei Grundzahlen, die auf **-e** enden, fällt das **-e** weg.

Da **premier** nicht mit anderen Zahlen verbunden werden kann, benutzt man ab 21 **unième**, so zum Beispiel **vingt et unième**, **trente et unième**.

Der Artikel wird vor den Ordnungszahlen nie apostrophiert, z. B. **la huitième**, **le onzième**.

Hast du schon bemerkt, dass es für der/die/das Zweite **le/la deuxième** und **le second/la seconde** gibt?

Dann hast du dich sicherlich auch schon gefragt, wie die beiden verwendet werden.

Das ist ganz einfach, denn meist sind sie austauschbar. Allerdings wird **deuxième** bevorzugt benutzt.

Ebenso gibt es feststehende Ausdrücke, wo **le second/la seconde** gebraucht wird, z. B. **la Seconde Guerre mondiale**.

Da **le second/la seconde** nicht mit anderen Zahlen verbunden werden kann, benutzt man ab 22 **deuxième**, z. B. **vingt-deuxième** usw.

Hinsichtlich des Gebrauchs der Ordnungszahlen im Französischen gibt es einige Unterschiede zum Deutschen, da in Frankreich die Ordnungszahlen nicht so häufig gebraucht werden.

Folgende Unterschiede sind wichtig:

1. Wie im Deutschen steht im Französischen bei Datumsangaben für den ersten Tag des Monats und bei Herrschernamen für den ersten Träger des Herrschernamens die Ordnungszahl:

le premier mai	*der erste Mai*
Napoléon premier	*Napoleon der Erste*

   Abweichend vom Deutschen wird bei den folgenden Tagen oder Herrschern die Grundzahl verwendet:

le deux mai, le trois mai	*der zweite Mai, der dritte Mai*
Napoléon trois	*Napoleon der Dritte*

2. Bei Ausdrücken mit *jede/jedes/jeder* ... wird im Deutschen die Ordnungszahl und im Französischen die Grundzahl verwendet. Der Ausdruck wird mit **un/une** + Grundzahl wiedergegeben:

   Il rend visite à sa grand-mère un jour sur deux.
   oder:
   Il rend visite à sa grand-mère tous les deux jours.
   Er besucht seine Großmutter jeden zweiten Tag.

Die Bruchzahlen

Die Bruchzahlen haben mit den Ordnungszahlen viel gemeinsam, da der Nenner die gleiche Form wie die Ordnungszahl hat, z. B. **un cinquième** (1/5).

Mit Ausnahme von **un demi**, **un tiers** und **un quart** hat der Nenner der Bruch-zahl, d. h. die untere Zahl, die gleiche Form wie die Ordnungszahl. Ist der Zähler, d. h. die obere Zahl, größer als 1, dann erhält die Ordnungszahl ein Plural **-s**.

1/2	=	**un demi**	*1/5*	=	**un cinquième**
1/3	=	**un tiers**	*5/6*	=	**cinq sixièmes**
1/4	=	**un quart**	*8/10*	=	**huit dixièmes**
1/6	=	**un sixième**			

Die Datumsangabe

Abweichend vom Deutschen erfolgt im Französischen nur die Angabe des ersten Tages im Monat mit der Ordnungszahl. Die folgenden Tage werden mit der Grundzahl zum Ausdruck gebracht.

Außerdem wird das Datum immer nur mit dem Artikel benannt, selbst wenn im Deutschen eine Präposition steht:

On est le combien aujourd'hui ?	*Den wievielten haben wir heute?*
– On est le premier janvier ? Non, on est le deux (janvier).	*– Den ersten Januar? Nein, wir haben den zweiten (Januar).*
Quand est-ce que tu pars en vacances ?	*Wann fährst du in Urlaub?*
– Moi, je pars le dix janvier.	*– Ich fahre am zehnten Januar.*

Die Zeitangabe

Die umgangssprachliche Zeitangabe

Die Zeitangabe in der Umgangssprache erfolgt etwas anders als im Deutschen.

1.00	Il est une heure.		
2.00	Il est deux heures.		
2.10	Il est deux heures **dix**.		
2.15	Il est deux heures **et quart**.		
2.29	Il est deux heures **vingt-neuf**.		
2.30	Il est deux heures **et demie**.		
2.31	Il est trois heures **moins vingt-neuf**.		
2.40	Il est trois heures **moins vingt**.		
2.45	Il est trois heures **moins le quart**.		
12.00	Il est **midi**.	*00.00*	Il est **minuit**.
12.15	Il est **midi et quart**.	*00.30*	Il est **minuit et demi**.

In der gesprochenen Sprache werden die Stunden ab Mittag bis Mitternacht von 1 bis 11 gezählt.

Die Minuten werden bis halb zur vorhergehenden Stunde einfach hinzugezählt. Nur bei Viertel steht zwischen der Stunde und **quart** das Wörtchen **et**.

Nach halb werden die Minuten von der nächsten vollen Stunde mit Hilfe von **moins** abgezogen.

Bei *Viertel vor/drei viertel* steht zwischen **moins** und **quart** der bestimmte Artikel **le**.

Die offizielle Zeitangabe

Die Angabe der offiziellen Uhrzeit erfolgt auf Bahnhöfen, Flughäfen, im Radio usw. Du wirst die offizielle Zeitangabe lieben, da sie wie im Deutschen erfolgt.

03.00	Il est **trois** heures.
15.00	Il est **quinze** heures.
16.15	Il est **seize** heures **quinze**.
16.30	Il est **seize** heures **trente**.
16.35	Il est **seize** heures **trente-cinq**.
16.45	Il est **seize** heures **quarante-cinq**.

Bei der offiziellen Zeitangabe werden die Minuten zur vorhergehenden Stunde hinzugezählt. Dies gilt auch für die Minuten nach halb. *Viertel nach*, *Viertel vor* und *halb* werden ebenfalls mit den Grundzahlen ausgedrückt.

12 Les prépositions - *Die Präpositionen*

Die Präpositionen werden im Französischen anders verwendet als im Deutschen. Lerne deshalb die Präpositionen immer mit.

Die Präpositionen des Ortes

Die Präposition *à*: in, nach

Die Präposition **à** dient der Angabe von Zielen oder Aufenthaltsorten in abstrakter, allgemeiner Weise. Mit dem bestimmten Artikel geht **à** folgende Verbindungen ein:

à + le = au
à + les = aux

Maria habite à Lisbonne au Portugal. Elle va souvent à la plage. Cet été, elle veut aller aux Etats-Unis.
Marie wohnt in Lissabon in Portugal. Sie geht oft an den Strand. Diesen Sommer möchte sie in die Vereinigten Staaten fahren.

! Denke daran, dass Ziele oder Aufenthaltsorte von weiblichen Ländern mit der Präposition **en** ausgedrückt werden:

Je vais en France.

Die Präposition *chez*: bei, zu

Die Präposition **chez** dient der Angabe von Zielen und Aufenthaltsorten bei Personen oder belebten Wesen, z. B. bei Firmennamen.

On va chez Paul ?
- Non, j'ai rendez-vous chez le dentiste.
M. Dubois travaille chez Renault.

Gehen wir zu Paul?
- Nein, ich habe einen Termin beim Zahnarzt.
Herr Dubois arbeitet bei Renault.

Die Präposition *dans*: in, in ... hinein

Die Präposition **dans** dient der Angabe von konkreten Ortsangaben, z. B. in Räumen.

Elle habite dans un quartier de Paris où les enfants ne peuvent pas jouer dans la rue.
Sie wohnt in einem Viertel in Paris, wo die Kinder nicht auf der Straße spielen können.

Die Präposition *de*: von, aus

Die Präposition **de** gibt die Herkunft, den Ursprung oder den Ausgangspunkt an. Mit dem bestimmten Artikel geht **de** folgende Verbindungen ein:

de + le = du
de + les = des

Vor Vokal und stummem h wird **de** zu **d'**.

Moi, je suis de France mais mon mari est d'Allemagne. Maintenant nous venons de Suisse.
Ich bin aus Frankreich, aber mein Mann ist aus Deutschland. Jetzt kommen wir aus der Schweiz.

Die Präposition *en*: in, nach

Die Präposition **en** steht bei Aufenthaltsorten und Zielen vor weiblichen Ländernamen, bei Provinzen und Regionen und in bestimmten Ausdrücken.

J'habite en France. Je vais partir en vacances en Provence.
Ich wohne in Frankreich. Ich fahre in den Ferien in die Provence.

Die Präposition *par*: durch

Die Präposition **par** bezeichnet das Durchqueren eines Raumes und steht meist in Verbindung mit Verben der Bewegung.

Pour aller en Italie, on passe par la Suisse.
Um nach Italien zu fahren, fährt man durch die Schweiz.

Die Präposition *pour*: nach

Die Präposition **pour** bezeichnet den Zielpunkt einer Reise, z. B. ein Land oder eine Stadt in Verbindung mit dem Verb **partir** und **s'embarquer**.

Ce matin, ils sont partis pour Paris.
Diesen Morgen sind sie nach Paris gefahren.

Die Präposition *vers*: in Richtung, nach

Die Präposition **vers** bezeichnet das Ziel einer Bewegung, z. B. ein Land, eine Stadt, eine Himmelsrichtung oder eine Person.

On va vers l'ouest.
Wir fahren gen Westen.

Weitere örtliche Präpositionen

Die hier aufgeführten örtlichen Präpositionen weisen für Deutschsprachige keine Schwierigkeiten auf.

Folgende weitere örtliche Präpositionen stehen zur Verfügung:

à côté de Le garage est **à côté de** la maison.	*neben* *Die Garage ist neben dem Haus.*
à droite de **À droite du** garage, il y a la boulangerie.	*rechts* *Rechts neben der Garage gibt es eine Bäckerei.*
à gauche de **À gauche de** la voiture, il y a un arbre.	*links* *Links neben dem Auto ist ein Baum.*
au bout de **Au bout de** la rue, il y a l'école de Luc.	*am Ende von* *Am Ende der Straße ist Lucs Schule.*
au fond de **Au fond du** garage, il y a le vélo de Luc.	*hinten* *Im hinteren Teil der Garage steht Lucs Fahrrad.*
derrière Le chien est **derrière** la voiture.	*hinter* *Der Hund ist hinter dem Auto.*
devant Luc est **devant** la maison.	*vor* *Luc ist vor dem Haus.*
en face de La maison est **en face de** l'hôtel.	*gegenüber* *Das Haus ist gegenüber dem Hotel.*
entre Le petit frère de Luc est **entre** la voiture et la maison.	*zwischen* *Lucs kleiner Bruder steht zwischen dem Auto und dem Haus.*

loin de La maison est **loin de** la piscine.	*weit von* *Das Haus ist weit weg vom Schwimmbad.*
près de La maison est **près de** la gare.	*nahe bei* *Das Haus ist in der Nähe des Bahnhofes.*
sous Le ballon est **sous** la voiture.	*unter* *Der Ball ist unter dem Auto.*
sur Le chat est **sur** le toit.	*auf* *Die Katze ist auf dem Dach.*

Die Präpositionen der Zeit

Die Präposition *à*: um, an, in

Die Präposition **à** bezeichnet genaue Zeitpunkte.

Le train arrive à six heures. — *Der Zug kommt um sechs Uhr an.*
Il fait froid à Noël. — *An Weihnachten ist es kalt.*
Elle s'est mariée à 30 ans. — *Sie hat mit 30 geheiratet.*

! Man sagt **au printemps** aber **en été, en automne, en hiver.**

Die Präposition *à partir de*: von ... an, ab

Die Präposition **à partir de** gibt den Anfangspunkt einer Handlung in der Gegenwart oder in der Zukunft an.

À partir d'aujourd'hui, il ne travaille plus.	*Seit heute arbeitet er nicht mehr.*
À partir de demain, elle fait des études.	*Ab morgen studiert sie.*

Die Präposition *après*: nach

Die Präposition **après** gibt einen Zeitpunkt an, der nach einem anderen Zeitpunkt oder Zeitraum in der Vergangenheit oder Zukunft liegt.

Je vais terminer mon travail après Noël.	*Ich werde meine Arbeit nach Weihnachten beenden.*

Die Präposition *avant*: vor

Die Präposition **avant** gibt einen Zeitpunkt an, der vor einem anderen Zeitpunkt oder Zeitraum in der Vergangenheit oder Zukunft liegt.

Je vais terminer mon travail avant Noël.	*Ich werde meine Arbeit vor Weihnachten beenden.*

Die Präposition *dans*: in, nach Ablauf von

Die Präposition **dans** wird verwendet, um einen zukünftigen Zeitpunkt auszudrücken.

Paul rentre dans dix minutes.	*Paul kommt in zehn Minuten zurück.*

Die Präposition *dès*: seit, von … an

Die Präposition **dès** bezeichnet den Anfangszeitpunkt einer Handlung in der Vergangenheit, Gegenwart oder Zukunft.

Il est chef dès l'âge de 30 ans.	*Er ist Leiter seit er 30 Jahre alt ist.*
Il m'énerve dès son arrivée.	*Er nervt mich seit seiner Ankunft.*

Die Präposition *depuis*: seit

Die Präposition **depuis** bezeichnet den Anfangszeitpunkt eines Zeitraumes, der in der Vergangenheit beginnt und an die Vergangenheit oder Gegenwart heranreicht.

Il est chez Renault depuis dix ans.	*Er ist bei Renault seit zehn Jahren.*

Die Präposition *en*: im (Monat), im Jahre, innerhalb von

Die Präposition **en** steht vor den Jahreszeiten, die mit Vokal beginnen, sowie vor Monatsnamen und Jahreszahlen.

Außerdem bezeichnet **en** einen bestimmten Zeitraum, innerhalb dessen sich eine Handlung vollzieht.

Marie est née en 1996.	*Marie ist im Jahre 1996 geboren.*
Il fait froid en hiver.	*Im Winter ist es kalt.*
Noël est en décembre.	*Weihnachten ist im Dezember.*
Peter a fait ses études en 5 ans.	*Peter hat innerhalb von 5 Jahren studiert.*

Bei Monatsnamen kann man statt **en** auch **au mois de** verwenden, z. B.:

Tout le monde part en vacances au mois d'août/en août. — *Jeder fährt im August in Urlaub.*

Die Präposition *entre... et*: zwischen ... und

Die Präposition **entre... et** bezeichnet einen Zeitraum, der zwischen zwei Zeitpunkten liegt.

Je vais travailler entre 8 heures et 10 heures. — *Ich werde zwischen 8 und 10 Uhr arbeiten.*

Die Präposition *il y a*: vor

Die Präposition **il y a** bezeichnet einen vergangenen Zeitpunkt.

Pierre a passé son bac il y a un an. — *Pierre hat vor einem Jahr sein Abi bestanden.*

Die Präposition *jusque*: bis

Die Präposition **jusque** bezeichnet den Endpunkt eines ununterbrochenen Zeitraumes, der in der Zukunft stattfindet oder in der Vergangenheit abgeschlossen wurde.

Nous attendons jusqu'à demain. — *Wir warten bis morgen.*
Nous restons jusqu'au 10 mars. — *Wir bleiben bis zum 10. März.*

Der Präposition **jusque** folgt gerne die Präposition **à**, woraufhin **jusque** sein **-e** verliert und zu **jusqu'à** wird.

Die Präposition *pendant*: während

Die Präposition **pendant** bezeichnet einen Zeitraum, der von einer Handlung ausgefüllt ist.

Il faisait beau pendant notre séjour.	*Es war schönes Wetter während unseres Aufenthaltes.*

Die Präposition *pour*: für (die Dauer von)

Die Präposition **pour** bezeichnet einen befristeten Zeitraum, der einem bestimmten Ziel unterworfen ist.

Il va à Paris pour deux semaines.	*Er fährt nach Paris für zwei Wochen.*

Die Präposition *vers*: gegen, um

Die Präposition **vers** bezeichnet einen ungefähren Zeitpunkt.

J'arrive vers dix heures.	*Ich komme gegen zehn Uhr an.*
Il termine son travail vers le 18 février.	*Er beendet seine Arbeit um den 18. Februar herum.*

Modale Präpositionen

Die Präposition *à*: mit

Die Präposition **à** bringt Folgendes zum Ausdruck:

- Zweck

C'est un verre **à** jus. — *Das ist ein Saftglas.*

- Art und Weise

Il faut écrire **au** crayon. — *Man muss mit dem Bleistift schreiben.*

- Preisangabe

Le kilo est **à** dix euros. — *Das Kilo kostet zehn Euro.*

- Fortbewegungsart mit oder ohne Verkehrsmittel

On va **à** pied/**à** vélo au cinéma. — *Wir gehen zu Fuß/Wir fahren mit dem Fahrrad ins Kino.*

- Entfernung

L'hôtel est **à** dix kilomètres d'ici. — *Das Hotel ist 10 km weit weg von hier.*

Die Präposition *avec*: mit

Die Präposition **avec** bringt Folgendes zum Ausdruck:

- Mittel/Werkzeug

Il ouvre la porte avec la clé. *Er öffnet die Tür mit dem Schlüssel.*

Die Präposition *de*: mit, aus, vor

Die Präposition **de** bringt Folgendes zum Ausdruck:

- Körperteil

Il fait signe de la tête. *Er nickt mit dem Kopf.*

- Materialangabe

Regardez ! C'est du bois massif. *Seht mal! Das ist Massivholz.*

- Ursache

Ils ont crié de peur. *Sie haben vor Angst geschrieen.*

- Mengenangabe

Il faut acheter deux litres de lait. *Wir müssen zwei Liter Milch kaufen.*

Die Präposition *en*: mit, aus

Die Präposition **en** bringt Folgendes zum Ausdruck:

- Fortbewegung mit einem Transportmittel

J'y vais en avion. *Ich fliege im Flugzeug dorthin.*

- Materialangabe

J'ai une montre en or. *Ich habe eine goldene Uhr.*

Denke daran, dass man bei der Fortbewegung mit dem Fahrrad die Präposition **à** verwendet:

J'y vais à bicyclette. *Ich fahre mit dem Fahrrad dorthin.*

Wenn du jedoch lieber das Wort **le vélo** benutzen möchtest, kannst du beides sagen:

J'y vais à/en vélo. *Ich fahre mit dem Fahrrad dorthin.*

Die Präposition *par*: mit, durch, aus, pro

Die Präposition **par** bringt Folgendes zum Ausdruck:

- Mittel

Cette lettre est arrivée par avion.	*Dieser Brief ist per Flugzeug angekommen.*

- Urheberbezeichnung

J'ai appris la nouvelle par Jean.	*Ich habe die Nachricht durch Jean erfahren.*

- Beweggrund

Il a avoué par peur d'aller en prison.	*Er hat gestanden, aus Angst ins Gefängnis zu gehen.*

- Verteilung

La chambre coûte 100 € par personne.	*Das Zimmer kostet 100 € pro Person.*

Die Präposition *pour*: für

Die Präposition **pour** bringt Folgendes zum Ausdruck:

- Zweck

Il travaille pour gagner de l'argent.	*Er arbeitet, um Geld zu verdienen.*

- Preisangabe

J'ai acheté ce livre pour 20 €.	*Ich habe diese Buch für 20 € gekauft.*

13 Les conjonctions - *Die Konjunktionen*

Mithilfe von Konjunktionen kann man Sätze oder Satzteile miteinander verbinden. Man unterscheidet zwischen **beiordnenden** und **unterordnenden** Konjunktionen.

Beiordnende Konjunktionen

Beiordnende Konjunktionen verbinden gleichrangige Sätze, d. h. Hauptsätze, miteinander, z. B.:

Il pleut et Marc reste à la maison. — *Es regnet und Marc bleibt zu Hause.*
J'avais rendez-vous avec Jean, mais il n'est pas venu. — *Ich hatte eine Verabredung mit Jean, aber er ist nicht gekommen.*

Zu den beiordnenden Konjunktionen zählen u. a.:

car	*denn*	mais	*aber*	ou... ou	*entweder ... oder*
donc	*also*	ni... ni	*weder ... noch*	ou bien	*oder*
et	*und*	ou	*oder*		

Unterordnende Konjunktionen

Unterordnende Konjunktionen verbinden Haupt- und Nebensätze.

Il n'a pas le temps parce qu'il doit travailler.
Er hat keine Zeit, weil er arbeiten muss.
Quand j'aurai terminé le bac, je ferai des études.
Wenn ich das Abitur gemacht habe, werde ich studieren

Zu den unterordnenden Konjunktionen zählen u. a.:

à condition que*	*unter der Bedingung, dass*
afin que*	*damit*
après que	*nachdem*
avant que*	*bevor*
bien que*	*obwohl*
comme	*da*
de peur que*	*damit nicht*
depuis que	*seit, seitdem*
dès que	*sobald*
jusqu'à ce que*	*bis*
lorsque	*als, wenn*
malgré que*	*obwohl, obgleich*
parce que	*weil*
pendant que	*während*
pour que*	*damit*
pourvu que*	*vorausgesetzt, dass*
puisque	*da*
quand	*als, wenn*
quoique*	*obwohl*
sans que*	*ohne dass*
si	*wenn*
si bien que	*so dass*
supposé que*	*angenommen, dass*
tant que	*solange*

! Nach den mit * gekennzeichneten Konjunktionen folgt der Subjonctif, z. B.:

Marie reste au lit jusqu'à ce que sa mère vienne.
Marie bleibt im Bett, bis ihre Mutter kommt.

Elle travaille pour que sa famille puisse vivre mieux.
Sie arbeitet, damit ihre Familie besser leben kann.

Typische Fehler

Stichwortregister

Typische Fehler im Französischen

Wie viele andere Sprachen hat auch das Französische seine kleinen und großen Tücken, die dich als Lerner manchmal in die eine oder andere Fehlerfalle treten lassen - sei es bei der Aussprache, der Schreibung, Übersetzung oder bei Grammatik und Satzbau.

In diesem Teil findest du eine Übersicht über die häufigsten Fehlerquellen im Französischen - und du erfährst auch, wie du sie erkennen und vermeiden kannst.

Faux amis - *Falsche Freunde*

Viele französische Wörter ähneln deutschen Wörtern, oft ist jedoch die Bedeutung sehr unterschiedlich. Es folgt eine Auflistung der häufigsten Stolperfallen mit den jeweils richtigen Übersetzungen.

ADJEKTIVE		
artistique	~~artistisch~~	→ *künstlerisch*
blanc, blanche	~~blank~~	→ *weiß; blass*
brave	~~brav~~	→ *mutig, tapfer*
fidèle	~~fidel~~	→ *treu*
indiscutable	~~indiskutabel~~	→ *unumstößlich*
léger, légère	~~leger~~	→ *leicht*
net, nette	~~nett~~	→ *sauber; klar*
ordinaire	~~ordinär~~	→ *alltäglich, üblich*
pénible	~~penibel~~	→ *anstrengend*
trivial, e	~~trivial~~	→ *ordinär*
SUBSTANTIVE		
appartement	~~Apartment~~	→ *Wohnung*
artiste	~~Artist~~	→ *Künstler(in)*

briquet	~~Brikett~~	→ *Feuerzeug*
coffre	~~Koffer~~	→ *Truhe; Kofferraum*
fontaine	~~Fontäne~~	→ *Brunnen*
glace	~~Glas~~	→ *Eis; Spiegel*
manège	~~Manege~~	→ *Karussell*
monde	~~Mond~~	→ *Welt*
ouest	~~Osten~~	→ *Westen*

! Verwechsle nicht **la mamie** – *die Oma* mit *Mami* – **la maman** und **le papy / papi** – *der Opa* mit *Papi* – **le papa**!

parole	~~Parole~~	→ *Wort; Sprache*
politesse	~~Politesse~~	→ *Höflichkeit*
romantique	~~Romantik~~	→ *Romantiker(in)*
souterrain	~~Souterrain~~	→ *unterirdischer Gang*
tache	~~Tasche~~	→ *Fleck*
SCHULE, UNIVERSITÄT UND ARBEIT		
activer	~~aktivieren~~	→ *anregen, beschleunigen*
animer	~~animieren~~	→ *leiten; beleben*
blâmer	~~blamieren~~	→ *tadeln*
clavier	~~Klavier~~	→ *Tastatur*
concours	~~Konkurs~~	→ *Aufnahmeprüfung*
démonstration	~~Demonstration~~	→ *Beweis, Vorführung*
dissertation	~~Dissertation~~	→ *Aufsatz*
gymnase	~~Gymnasium~~	→ *Turnhalle*
paragraphe	~~Paragraf~~	→ *Absatz*
promotion	~~Promotion~~	→ *Beförderung; Sonderangebot*
sonnette	~~Sonett~~	→ *Glocke, Klingel*
tâche	~~Tasche~~	→ *Arbeit; Aufgabe*
transparent	~~Transparent~~	→ *(Overhead)folie*

FINANZEN		
banc	~~(Handels)bank~~	→ *(Sitz)bank*
chiffre	~~Chiffre~~	→ *Ziffer; Betrag*
concours	~~Konkurs~~	→ *Wettbewerb, Wettkampf*
État	~~Etat~~	→ *Staat*
quitter	~~quittieren~~	→ *verlassen, beenden*
trésor	~~Tresor~~	→ *Schatz*
KLEIDUNG		
blouse	~~Bluse~~	→ *(Arbeits)kittel*
costume	~~Kostüm~~	→ *(Herren)anzug*
tricot	~~Trikot~~	→ *Strickweste; Strickware*
veste	~~Weste~~	→ *Jacke; Jackett*
GESUNDHEIT UND ESSEN		
agiter	~~agitieren~~	→ *schütteln*
balance	~~Balance~~	→ *Waage*
champignon	~~Champignon~~	→ *Pilz*
endive	~~Endivie(nsalat)~~	→ *Chicorée*
geler	~~gelieren~~	→ *(ge)frieren, einfrieren*
infusion	~~Infusion~~	→ *Kräutertee*
irriter	~~irritieren~~	→ *reizen; auf die Nerven gehen*
marmelade	~~Marmelade~~	→ *Kompott*
pile	~~Pille~~	→ *Stapel; Batterie*
stock	~~Stock~~	→ *Lager; Vorrat*
tablette	~~Tablett~~	→ *Lutschtablette; Ablageplatte*

Falsche Freunde bei der Wortbildung

In verschiedenen Sprachen können sich teilweise unterschiedliche Suffixe (Nachsilben) durchsetzen, so auch im Deutschen und Französischen. Dies kann zu falschen Freunden führen:

athée	*atheistisch*	**financier, -ière**	*finanziell*
biologiste	*Biologe, Biologin*	**numéroter**	*nummerieren*
catastrophique	*katastrophal*	**optim(al)iser**	*optimieren*
citation	*Zitat*	**recyclage**	*Recycling*
commercial, e	*kommerziell*	**Réforme**	*Reformation*
conservateur, -trice	*konservativ*	**végétarien, ne**	*vegetarisch*
efficacité	*Effektivität, Effizienz*		

Problematische Verben

Manche französische Verben werden teilweise falsch verwendet, in Anlehnung an deutsche Strukturen. Unten stehen die jeweils richtigen Verben.

ÊTRE	
~~être~~ avoir trente ans	*dreißig Jahre alt sein*
~~être~~ avoir (oder: faire) deux métres de haut / de large	*zwei Meter hoch / breit sein*
DEVENIR	
~~devenir~~ tomber malade	*krank werden*
~~devenir~~ tourner au cauchemar	*zum Albtraum werden*
devenir vieux, vieille	*alt (oder: älter) werden*
devenir mère	*Mutter werden*

FAIRE	
~~faire~~ prendre une photo	*ein Foto machen*
~~faire~~ rendre quelqu'un malade	*jemanden krank machen*
~~faire~~ donner du courage à quelqu'un	*jemandem Mut machen*
faire de la musique	*Musik machen*
faire du sport	*Sport machen / treiben*
LAISSER	
~~laisser~~ faire réparer la machine à laver	*die Waschmaschine reparieren lassen*
~~laisser~~ faire payer quelqu'un	*jemanden zahlen lassen*
laisser la porte ouverte	*die Tür offen lassen*
laisser faire quelqu'un	*jemanden gewähren lassen*

Unterschiedlich konstruierte Verben

Manche Verben werden im Französischen mit einem anderen Objekt konstruiert als im Deutschen:

aider quelqu'un	*jemandem helfen*
demander à quelqu'un	*jemanden fragen*
s'intéresser à quelqu'un	*sich für jemanden interessieren*

Andere Verben sind in einer der beiden Sprachen reflexiv, in der anderen dagegen nicht:

s'appeler	*heißen*
se marier avec quelqu'un	*jemanden heiraten*
se promener	*spazieren gehen*
bouger	*sich bewegen*
divorcer de quelqu'un	*sich von jemandem scheiden lassen*

Im Gegensatz zum Deutschen stehen die Reflexivpronomen im Französischen stets vor dem konjugierten Verb:

Je me lave.	*Ich wasche mich.*
Tu te couches.	*Du legst dich hin.*

Substantive: Singular und Plural

Keine Pluralform

Manche Substantive gelten als unzählbar, so z. B. **l'or** (*das Gold*) und **le pain** (*das Brot*). Daher kommen sie weder mit unbestimmtem Artikel (~~un or~~) noch als Pluralform (~~des ors~~) vor. Mit Mengenangaben kann man sie oft dennoch zählen:

trois pièces d'or	*drei Goldstücke*
deux tranches de pain	*zwei Scheiben Brot*

Bedeutungsunterschied Singular / Plural

Bei einigen Substantiven ändert sich die Bedeutung zwischen Singular- (zählbar oder unzählbar) und Pluralform:

le papier (unzählbar)	*das Papier* (Material)
un papier / les papiers	*ein Blatt Papier / die (Ausweis)-papiere; die Unterlagen*
la peinture (unzählbar)	*die Malerei*
une peinture / les peintures	*ein Gemälde / die Gemälde*
une lettre / des lettres	*ein Brief / Briefe; ein Buchstabe / Buchstaben*

les lettres	*die Geisteswissenschaften*
le ciseau ≠ les ciseaux	*der Meißel ≠ die Schere*
la lunette ≠ les lunettes	*das Fernrohr ≠ die Brille*
le tennis ≠ les tennis	*Tennis ≠ die Turnschuhe*
la toilette ≠ les toilettes	*das Waschen ≠ die Toilette*

Nur Pluralform

Einige französische Substantive kommen nur im Plural vor:

les alentours (*die Umgebung*), **les archives** (*das Archiv*), **les environs** (*die Umgebung*), **les fiançailles** (*die Verlobung*), **les funérailles** (*die Bestattung*), **les mathématiques** (*die Mathematik*), **les ténèbres** (*die Finsternis*).

ℹ Das Wort **gens** kommt nur in der Mehrzahl vor. Es ist männlich (**tous les gens)**, aber wenn es mit einem Adjektiv verwendet wird, das vorangestellt wird, steht dieses in der weiblichen Form (**les vieilles gens**).

Substantive: Maskulinum und Femininum

Keine Femininform

Manche Berufsbezeichnungen werden in der französischen Standardsprache nur im Maskulinum gebraucht:

le médecin	*der Arzt / die Ärztin*
l'écrivain	*der Schriftsteller / die Schriftstellerin*
le maire	*der Bürgermeister / die Bürgermeisterin*

Wird der Beruf durch eine Frau ausgeübt, stellt man zur Verdeutlichung z. B. **une femme** voraus:

une femme écrivain	*eine Schriftstellerin*
une femme médecin	*eine Ärztin*

Bei einigen Berufsbezeichnungen wird der weibliche Artikel bereits verwendet:

la juge	*die Richterin*
la ministre	*die Ministerin*
la professeur	*die Lehrerin*

In manchen Fällen hat man die Wahl:

Madame le / la ministre	*Frau Ministerin*

Das Wort **témoin** *(Zeuge / Zeugin)* hingegen ist immer maskulin, auch wenn es sich auf eine Frau bezieht.

Keine Maskulinform

Bestimmte Wörter haben im Französischen immer die weibliche Form, unabhängig vom Geschlecht der bezeichneten Person:

la connaissance	*der / die Bekannte*
la vedette / la star	*der Star* (Mann oder Frau)
la victime	*das Opfer*

Maskulinum oder Femininum?

Einige Wörter haben im Französischen verschiedene Bedeutungen, je nachdem, ob sie im Maskulinum oder im Femininum stehen:

la mode ≠ le mode	*die Mode ≠ die Art und Weise*
la tour ≠ le tour	*der Turm ≠ die Runde, der Rundgang*

Unterschiede im französischen und deutschen Genusgebrauch

Manche Wörter ähneln sich im Deutschen und Französischen, haben aber in den beiden Sprachen ein unterschiedliches Geschlecht (Genus):

un **ananas** – *eine Ananas*	une **danse** – *ein Tanz*
un **chiffre** – *eine Ziffer, Zahl*	une **date** – *ein Datum*
un **domaine** – *eine Domäne*	une **hormone** – *ein Hormon*
un **épisode** – *eine Episode*	une **idole** – *ein Idol*
un **geste** – *eine Geste*	la **mer** – *das Meer*
un **groupe** – *eine Gruppe*	une **interview** – *ein Interview*
un **jury** – *eine Jury*	une **photo** – *ein Foto*
un **million** – *eine Million*	une **place** – *ein Platz*
un **opéra** – *eine Oper*	une **planète** – *ein Planet*
un **rôle** – *eine Rolle*	une **radio** – *ein Radio*
un **vase** – *eine Vase*	

Im Deutschen sind Substantive, die auf **-age** und **-ege** enden, in der Regel weiblich, während sie im Französischen allgemein männlich sind, z. B.
le **garage** – *die Garage; die Kfz-Werkstatt*

Teilweise liegt bei solchen Paaren eine andere Bedeutung vor: le **manège** – *das Karussell ≠ die Manege* – **la piste**.

Besonderheiten bei Adjektiven und Adverbien

Sonderformen bei Adjektiven

Die männlichen Singularformen **bel**, **nouvel** und **vieil** stehen anstelle von **beau**, **nouveau** und **vieux** vor Vokalen oder stummem **h**:

un	beau / nouveau / vieux	château
un	bel / nouvel / vieil	appartement / hôtel

une	belle / nouvelle / vieille	maison
de(s)	beaux / nouveaux / vieux	châteaux / appartements / hôtels
de(s)	belles / nouvelles / vieilles	maisons

Die männlichen Formen **bel, nouvel** und **vieil** vor Vokal und stummem **h** existieren nicht im Plural ~~bels~~, ~~nouvels~~, ~~vieils~~:
de beaux hôtels, **de vieux appartements**

Stellung der Adjektive

Im Gegensatz zum Deutschen stehen die meisten Adjektive im Französischen hinter dem Substantiv. In manchen Fällen kann sich die Bedeutung mit der Stellung des Adjektivs ändern:

un grand homme	*ein großer, berühmter Mann*
un homme grand	*ein groß(gewachsen)er Mann*
un ancien moulin	*eine ehemalige Mühle*
un moulin ancien	*eine alte Mühle*
un certain nombre de gens	*eine gewisse Anzahl von Leuten*
une preuve certaine	*ein sicherer Beweis*

Adjektive als Adverbien

In einigen festen Wendungen übernimmt das Adjektiv die Funktion eines Adverbs. Hier bleibt das Adjektiv wie alle Adverbien unveränderlich:

chanter juste / faux	*richtig / falsch singen*	payer cher	*teuer bezahlen*
sentir bon / mauvais	*gut / schlecht riechen*	parler bas / fort	*leise / laut sprechen*
coûter cher	*teuer sein*	travailler dur	*hart arbeiten*

Unregelmäßige Adverbien

Einige Adverbien werden unregelmäßig gebildet, u. a.:

bon, ne → bien: Tu chantes bien. – *Du singst gut.*
mauvais, e → mal: Je chante mal. – *Ich singe schlecht.*
meilleur, e → mieux: Tu chantes mieux que moi. – *Du singst besser als ich.*
précis, e → précisément: Comment tu fais précisément ? – *Wie machst du das genau?*

Häufig verwechselte Wörter

comme ≠ comment

Comme und **comment** können auf Deutsch *wie* bedeuten, doch während **comment** für die Einleitung einer direkten Frage oder bei der indirekten Rede gebraucht wird, verwendet man **comme** für Vergleiche:

Comment ça va ? – *Wie geht's dir?*
Je lui demande comment il s'appelle. – *Ich frage ihn, wie er heißt.*
Aber: Il est comme mon père. – *Er ist wie mein Vater.*

comme / puisque ≠ parce que

Um eine Begründung einzuleiten, kann man **parce que** verwenden:

J'ai envie d'aller à la piscine parce qu'il fait beau.
– *Ich habe Lust ins Schwimmbad zu gehen, da schönes Wetter ist.*

i Am Satzanfang steht nie **parce que**, sondern immer **comme** oder **puisque**: Comme / Puisqu'il fait beau, j'ai envie d'aller à la piscine. – *Da schönes Wetter ist, habe ich Lust, ins Schwimmbad zu gehen.*

emprunter ≠ prêter

Emprunter bezieht sich auf eine Person, die etwas erhalten will. **Prêter** bezieht sich auf eine Person, die etwas gibt:

Je peux emprunter ton vélo ? – *Kann ich mir dein Fahrrad ausleihen?*
Aber: **Tu peux me prêter ton vélo ?** – *Kannst du mir dein Fahrrad ausleihen?*

Folgende Strukturen sind möglich:

emprunter quelque chose à quelqu'un – *sich etwas von jemandem ausleihen / borgen*
prêter quelque chose à quelqu'un – *jemandem etwas ausleihen / borgen*

entendre ≠ écouter, voir ≠ regarder

Entendre und **voir** beziehen sich auf eher zufälliges, ungeplantes Hören und Sehen, während **écouter** und **regarder** eine bewusste, meist gewollte Tätigkeit ausdrücken. Während man also **entendre** mit *hören* und **voir** mit *sehen* übersetzt, sind die deutschen Entsprechungen für **écouter** *anhören* und für **regarder** *ansehen*:

entendre un bruit de pas – *Schritte hören*
voir l'avion faire demi-tour – *sehen, wie das Flugzeug umkehrt*
écouter les informations – *sich (die) Nachrichten anhören*
regarder un film – *sich einen Film ansehen*

Feste Ausdrücke: **regarder la télé(vision), écouter la radio**

falloir ≠ devoir

Bei unpersönlichem Gebrauch wird die deutsche Formulierung *man muss* mit **il faut** wiedergegeben. Sobald ein Subjekt ausdrücklich genannt wird, handelt es sich um einen persönlichen Ausdruck, und es wird **quelqu'un doit (faire quelque chose)** verwendet, z. B.:

Il faut respecter l'environnement. – *Man muss auf die Umwelt Rücksicht nehmen.*
Aber: **Les Allemands doivent respecter encore plus l'environnement.** – *Die Deutschen müssen noch mehr Rücksicht auf die Umwelt nehmen.*

leur ≠ leur(s)

Das Objektpronomen **leur** darf nicht mit dem Possessivbegleiter **leur(s)** verwechselt werden:

Mes parents ont rendu visite à leurs amis en Dordogne. – *Meine Eltern haben ihre Freunde in der Dordogne besucht.*
Aber: **Ils leur ont rendu visite.** – *Sie haben sie besucht.*

pouvoir ≠ savoir

Pouvoir bedeutet *können* im Sinne einer Möglichkeit oder Gelegenheit, während sich **savoir** auf eine Fähigkeit bezieht:

Je peux y aller demain. – *Morgen kann ich dorthin gehen.*
Aber: **Je sais jouer du violon.** – *Ich kann Geige spielen.*

quand / lorsque ≠ si

Während es sich bei **quand** um eine zeitliche (temporale) Konjunktion mit der Bedeutung *wenn* (*immer wenn* / *dann wenn*) handelt, ist **si** eine konditionale Konjunktion und bedeutet *wenn* im Sinne einer Bedingung:

Je t'appellerai quand je serai là. – *Ich rufe dich an, wenn ich da bin.*
Aber: **Si je comprends bien, il ne vient pas.** – *Wenn ich richtig verstehe, kommt er nicht.*

Ein Synonym zu **quand** in der gehobeneren Sprache ist **lorsque**.

quel ≠ lequel

Das Fragewort **quel** heißt so viel wie *welche(r, -s)*, vor allem in festen Wendungen mit offener Antwort:

Quel est ton nom ? – *Wie heißt du?*
Quel âge as-tu ? – *Wie alt bist du?*
Quelle heure est-il ? – *Wie spät ist es?*
Quel jour sommes-nous aujourd'hui ? – *Der Wievielte ist heute?*

Dagegen fragt **lequel** – auf Deutsch ebenfalls meist *welche(r, -s)* – nach einem Element einer bereits bekannten bzw. genannten Gruppe, also z. B.:

J'ai lu un livre de Zola. – Lequel ? – *Ich habe ein Buch von Zola gelesen. – Welches?*

visiter ≠ aller voir / venir voir

Visiter wird meist in Verbindung mit Museen oder anderen Sehenswürdigkeiten verwendet und heißt hier *besichtigen*. Es kann auch *besuchen* bedeuten, dies ist jedoch auf bestimmte Besuche beschränkt, z. B. Arztbesuche (**visiter quelqu'un** – *bei jemandem einen Hausbesuch machen*). Besuchen allgemein wird hingegen mit **aller voir** oder **venir voir** übersetzt, je nachdem, ob man jemand anderen besucht oder ob man Besuch bei sich empfängt:

Je vais voir mes parents. – *Ich gehe meine Eltern besuchen.*
Ils viennent me voir rarement. – *Sie besuchen mich selten.*

2 Grammatik

1. Fragesätze mit *est-ce que*

Wortstellung

Fragesätze, die mit **est-ce que** oder **qu'est-ce que** beginnen, haben dieselbe Wortstellung wie Aussagesätze:

Est-ce que tu rentres à la maison ? – *Gehst du nach Hause?*
Qu'est-ce qu'elle a dit ? – *Was hat sie gesagt?*

Qui / que + est-ce que / + est-ce qui

Fragen nach Personen beginnen mit **qui**, Fragen nach Sachen mit **que**. Bei Fragen nach dem Subjekt endet das Fragewort mit **qui**, bei Fragen nach dem Objekt mit **que**, z. B.:

Qui est-ce qui est là ? – *Wer ist da?* (Subjekt, Person)

Qu'est-ce qui t'arrive ? – *Was ist mit dir?* (Subjekt, Sache)

Qui est-ce qu'il aime ? – *Wen mag er?* (Objekt, Person)

Qu'est-ce que tu veux ? – *Was willst du?* (Objekt, Sache)

2. Inversionsfrage

Die Inversionsfrage wird vor allem im geschriebenen Französisch verwendet, z. B. in Briefen:

Que penses-tu ? – *Was denkst du?*

As-tu vu Léa ? – *Hast du Léa gesehen?*

Wenn die Verbform in der Inversionsfrage auf **-e** oder **-a** endet und darauf **il**, **elle** oder **on** folgt, tritt zwischen Verb und Subjektpronomen ein **-t-**:

Quand arrive-t-elle ? – *Wann kommt sie?*

Besteht der Satzgegenstand aus einem Substantiv, wird an das Verb das entsprechende Subjektpronomen mit Hilfe eines Bindestrichs angehängt:

Luc est-il à Lyon ? – *Ist Luc in Lyon?*

3. Besonderheiten bei Bedingungssätzen mit *si*

Im Französischen ist zwischen drei Arten von Bedingungssätzen zu unterscheiden:

1. Bedingung und Folge sind möglich:

   Si j'ai de la monnaie sur moi, je peux prendre un café.
   – *Wenn ich Geld dabei habe, kann ich einen Kaffee trinken.*

2. Die Bedingung ist unwahrscheinlich:

   Si j'avais de l'argent, j'achèterais un scooter.
   – *Wenn ich Geld hätte, würde ich mir einen Roller kaufen.*

3. Die Bedingung ist unmöglich und liegt in der Vergangenheit:

Si j'avais su, j'aurais fait moins d'erreurs. - *Wenn ich es gewusst hätte, hätte ich weniger Fehler gemacht.*

Anders als im Deutschen steht im Bedingungssatz mit **si** nie **Futur** oder **Conditionnel**:
Wenn das Wetter schön wäre ... = **S'il faisait beau, ...**
Wenn sie das gewusst hätten ... = **S'ils avaient su, ...**

4. Indirekte Rede und indirekte Frage

Zeitenfolge in der Vergangenheit

Steht das redeeinleitende Verb in der Vergangenheit, gelten bei der indirekten Rede folgende Besonderheiten im Hinblick auf die Verwendung der Zeiten:

- Aus **Présent** in der direkten Rede wird **Imparfait** in der indirekten Rede:

  Il a dit: « Je pars. » → Il a dit qu'il partait.

- Das **Passé composé** wird in der indirekten Rede zu **Plus-que-parfait**:

  Il a dit: « Je suis parti. » → Il a dit qu'il était parti.

- Das **Futur** der direkten Rede wird in der indirekten Rede zum **Conditionnel**:

  Il disait: « Je partirai. » → Il disait qu'il partirait.

- Die Zeiten **Imparfait** und **Plus-que-parfait** bleiben in der indirekten Rede bestehen:

  Il a dit: « Je partais. » → Il a dit qu'il partait.

  Il a dit: « J'étais parti. » → Il a dit qu'il était parti.

Indirekte Frage

Die indirekte Frage wird durch **si** oder das entsprechende Fragewort eingeleitet:

Elle demande si Jean veut aller au cinéma.
- Sie fragt, ob Jean ins Kino gehen will.

Elle veut savoir pourquoi Nicole habite à Lyon.
- Sie will wissen, warum Nicole in Lyon wohnt.

! Anders als im Deutschen kann die indirekte Frage im Französischen nicht von einem Nomen abhängen.
In solchen Fällen ist keine wörtliche Übersetzung möglich:

La question ~~si~~ de savoir si Pierre est malade est délicate.
- Die Frage, ob Pierre krank ist, ist heikel.

La raison ~~pourquoi~~ pour laquelle il n'est pas venu est évidente.
- Der Grund, warum er nicht gekommen ist, ist offensichtlich.

5. Verben: Häufige Konjugationsfehler

Konjugationsfehler entstehen im Französischen oft, weil viele Endungen gleich gesprochen, aber unterschiedlich geschrieben werden. Solche Fälle finden sich etwa bei den Verben auf **-er** im Präsens mit den Endungen **-e**, **-es**, **-ent** oder im **Imparfait** mit **-ais**, **-ait**, **-aient**, z. B. **je mange**, **tu manges**, **il mange** oder **je / tu mangeais**, **il mangeait**, **ils mangeaient**.

Besonderheiten der Orthografie

Für bestimmte französische Verben gelten aufgrund von Stammveränderungen im Präsens Singular und in der 3. Person Plural folgende orthografische Besonderheiten:

Einige Verben mit Endungen auf **-eler** oder **-eter** verdoppeln die Konsonanten **-l-** oder **-t-** vor einem stummen **-e**: **j'appelle (< appeler)** – *ich rufe*, **je jette (< jeter)** – *ich werfe*.

Andere Verben bekommen einen **Accent grave** auf das **-e-**, das vor **-l-** oder **-t-** steht: **je pèle (< peler)** – *ich schäle*; **j'achète (< acheter)** – *ich kaufe*.

Zu beachten sind auch Fälle wie z. B. **je mangeais** – *ich aß*; **j'ai aperçu** – *ich bemerkte*. Hier dient das **-e-** bzw. die Cédille dazu, Ausspracheveränderungen durch das Anhängen der Konjugationsendung zu verhindern.

Wenn der Verbstamm auf **-g** oder **-c** endet, wird **-g-** vor **-o-** oder **-a-** zu **-ge-** und **-c-** zu **-ç-** (mit **Cédille**), um die jeweils richtige Aussprache zu gewährleisten:
voyager → nous voyageons – *wir reisen*
commencer → nous commençons – *wir beginnen*

6. Verben und Präpositionen

Die Präpositionen bei Verben werden im Deutschen und Französischen anders gebraucht. Beispiele:

aider qn à faire qc	**Elle aide son fils à faire ses devoirs.** – *Sie hilft ihrem Sohn, die Hausaufgaben zu machen.*
se décider à faire qc	**Il se décide à lire.** – *Er entschließt sich zu lesen.*
demander à qn de faire qc	**Elle demande à sa sœur de venir.** – *Sie bittet ihre Schwester zu kommen.*
répondre à qn / qc	**Je réponds à ta question.** – *Ich beantworte deine Frage.*
réussir à (faire) qc	**Nicole a réussi à l'examen.** – *Nicole hat die Prüfung bestanden.*

Manche Verben mit Präpositionen werden im Deutschen mit einem Adverb wiedergegeben:

finir par faire quelque chose – *etwas schließlich / zuletzt (doch) tun*

venir de faire quelque chose – *etwas gerade getan haben*

Bei bestimmten Verben sind zwei Präpositionen möglich, ohne dass sich die Bedeutung ändert:

réfléchir à quelque chose / sur quelque chose – *über etwas nachdenken*

Bei anderen Verben ändert sich die Bedeutung mit der jeweiligen Präposition, z. B. bei **jouer**. Für das Spielen eines Musikinstruments verwendet man das Verb **jouer** mit der Präposi-tion **de**, bei Sport und Spiel mit **à**, jeweils gefolgt vom bestimmten Artikel:

Je joue de la guitare le samedi et je joue au football le dimanche. – *Samstags spiele ich Gitarre und sonntags [spiele ich] Fußball.*

7. *Passé composé: avoir* oder *être*?

Die meisten Verben bilden das **Passé composé** mit **avoir**, z. B.

être:	**j'ai été**	*ich bin gewesen*
avoir:	**j'ai eu**	*ich habe gehabt / bekommen*
manger:	**j'ai mangé**	*ich habe gegessen*

Dies gilt, anders als im Deutschen, auch für Verben der **Bewegungsart**:

courir:	**j'ai couru**	*ich bin gelaufen*
nager:	**j'ai nagé**	*ich bin geschwommen*
voyager:	**j'ai voyagé**	*ich bin gereist*

Mit **être** wird das **Passé composé** gebildet bei Verben der **Bewegungsrichtung** oder des **Verweilens**:

aller:	**je suis allé(e)**	*ich bin gegangen*
venir:	**je suis venu(e)**	*ich bin gekommen*

Auch das Passé composé reflexiver Verben bildet man, oft im Unterschied zum Deutschen, mit **être**:

se laver: **je me suis lavé(e)** *ich habe mich gewaschen*

Verben mit *avoir* und *être*

Je nach Bedeutung bilden einige Verben ihr Passé composé mit **avoir** oder mit **être**, z. B. das Verb **monter**. So heißt es:

Je suis monté(e) sur la tour Eiffel. – *Ich bin den Eiffelturm hochgegangen.*

Aber: **J'ai monté la valise.** – *Ich habe den Koffer hinaufgebracht.*

Ähnliches gilt auch für die folgenden Verben:

descendre (mit **être** *hinuntergehen*; mit **avoir** *herunterholen*)
sortir (mit **être** *[hin]ausgehen*; mit **avoir** *hinausbringen*)
rentrer (mit **être** *nach Hause gehen*; mit **avoir** *hineinbringen*)

8. Veränderlichkeit des Partizip Perfekts

Beim **Passé composé** mit **être** richtet sich das Partizip nach dem Subjekt: **Ils sont partis.** – *Sie sind gegangen.*
Beim **Passé composé** mit **avoir** dagegen wird das Partizip nur dann angeglichen (= **l'accord**), wenn ein direktes Objekt vorangeht. Dieses kann ein Personal-, ein Relativ- oder auch ein Interrogativpronomen sein:

Tu les as vu(e)s ? – *Hast du sie gesehen?*

On ne comprend pas les choses qu'elle a faites.
– *Man versteht die Dinge nicht, die sie getan hat.*

Combien de robes a-t-elle achetées ?
- Wie viele Kleider hat sie gekauft?

Reflexive Verben richten sich nach dem Geschlecht ihres Subjekts, z. B. **La reine s'est levée**. - *Die Königin ist aufgestanden.*

Achtung: Folgt dem reflexiven Verb ein direktes Objekt, erfolgt keine Angleichung des Partizips **(accord)**:
Elle s'est lavé les mains. - *Sie hat sich die Hände gewaschen.*

9. *Imparfait* oder *Passé composé?*

Das **Imparfait** schildert Zustände, Begleitumstände und gewohnheitsmäßige Handlungen, die zeitlich nicht begrenzt sind. Es steht daher oft mit Zeitangaben wie z. B. **toujours** (*immer*), **d'habitude** (*gewöhnlich*) oder **autrefois** (*damals*):

Il faisait toujours beau. - *Es war immer schönes Wetter.*

Das **Passé composé** dagegen schildert Ereignisse mit deutlichem Anfang bzw. Ende. Es beschreibt einmalige Handlungen, die zeitlich begrenzt sind. Signalwörter sind z. B. **tout à coup** (*plötzlich*), **puis**, **ensuite** (*dann*):

Un jour, elle est partie toute seule et tout à coup elle a eu très peur.
- Eines Tages ist sie allein hinausgegangen und da hat sie plötzlich große Angst bekommen.

Beide Zeiten erscheinen nacheinander, wenn z. B. ein Vorgang durch ein unerwartetes Ereignis unterbrochen wird:

Il était en train de lire quand le téléphone a sonné. - *Er war dabei zu lesen, als das Telefon klingelte.*

10. *Subjonctif* oder Indikativ?

Der **Subjonctif** darf, was seine Funktion angeht, nicht mit dem deutschen Konjunktiv verwechselt werden, der vor allem zur Kennzeichnung der indirekten Rede dient. Der **Subjonctif** besitzt diese Funktion nicht, hier steht im Französischen normalerweise der **Indikativ**:

Il dit qu'il est **Français.** – *Er sagt, er sei Franzose.*

In der Regel steht der **Subjonctif** nach Verben der Gefühlsäußerung, z. B. **regretter que** (*bedauern, dass*):

Je regrette qu'il vienne si tard. – *Ich bedaure, dass er so spät kommt.*

Verben des Denkens und Meinens wie **croire que** (*glauben, dass*) und **penser que** (*denken, dass*) stehen mit **Indikativ**:

Je pense qu'il a raison. – *Ich denke, er hat Recht.*

Achtung: Bei **Verneinung** der Verben des Denkens und Meinens steht der **Subjonctif**:

Je ne pense pas qu'il ait raison. – *Ich denke nicht, dass er Recht hat.*

Weiterhin gibt es einige Konjunktionen, die den **Subjonctif** nach sich ziehen, z. B. **avant que** (*bevor*):

Ils disent au revoir avant qu'il parte. – *Sie verabschieden sich, bevor er geht.*

! Achtung: Ist das Subjekt des Haupt- und möglichen Nebensatzes identisch, so steht im Französischen in der Regel eine Infinitivkonstruktion, oft mit **de**, z. B.:
Il dit au revoir avant ~~qu'il parte~~ de partir.
– *Er verabschiedet sich, bevor er geht.*

11. Gerundium *(Le gérondif)*

Mit Hilfe des Gerundiums können Sätze verkürzt werden.
Inhaltlich bringt es z. B. die Gleichzeitigkeit zweier Vorgänge zum Ausdruck:

Elle aime conduire en écoutant de la musique. – *Sie mag es, Auto zu fahren und dabei Musik zu hören.*

Es kann auch die Art und Weise ausdrücken, wie jemand etwas macht:

Jean est entré en courant. – *Jean kam rennend herein. / Jean kam hereingerannt.*

In anderen Fällen kann das **Gérondif** eine Bedingung oder Hypothese ausdrücken:

En travaillant dur, tu gagneras beaucoup d'argent.
– *Wenn du hart arbeitest, wirst du viel Geld verdienen.*

Achtung: Die Konstruktionen mit **Gérondif** sind nur möglich, wenn Haupt- und Nebensatz dasselbe Subjekt haben:

Elle aime chanter pendant qu'elle conduit.
– *Sie mag es zu singen, während sie Auto fährt.*

→ **Elle aime conduire en chantant.**
– *Sie mag es, Auto zu fahren und dabei zu singen.*

Beim folgenden Satz hingegen ist eine Verkürzung mit dem **Gérondif** nicht möglich:

Elle aime chanter pendant qu'il conduit.
– *Sie mag es zu singen, während er Auto fährt.*

12. Adjektive und Adverbien

Unveränderliche Adjektive

Farbadjektive, die sich von der Farbe einer Frucht ableiten, sind unveränderlich:

des écharpes abricot – *aprikosenfarbene Schals*
une serviette marron – *ein braunes Handtuch*
des stylos orange – *orangefarbene Füller*

Weiterhin unveränderlich ist das Adjektiv **super:**

C'est une super idée ! – *Das ist eine super Idee!*

Unregelmäßige Steigerung

Unregelmäßig gesteigert werden u. a.:

ADJEKTIVE		
bon, ne *gut*	**meilleur, e** *besser*	**le / la meilleur, e** *der / die / das beste*
mauvais, e *schlecht*	**pire** *schlechter*	**le / la pire** *der / die / das schlechteste*

Il est le pire élève de la classe. – *Er ist der schlechteste Schüler in der Klasse.*

ADVERBIEN		
bien *gut*	**mieux** *besser*	**le mieux** *am besten*
beaucoup *viel*	**plus** *mehr*	**le plus** *am meisten*
mal *schlecht*	**pire** *schlimmer*	**le pire** *am schlimmsten*

Il travaille mieux que les autres. – *Er arbeitet besser als die anderen.*

13. Substantive: Unregelmäßige Pluralbildung

Substantive, die auf **-eu** oder **-ou** enden, bilden den Plural allgemein auf **-x**: **le jeu → les jeux** (*die Spiele*), **le bijou → les bijoux** (*der Schmuck*). Ausnahmen sind u. a. **les pneus** (*die Reifen*), **les clous** (*die Nägel*).

Zahlreiche Substantive auf **-al** oder **-ail** bilden den Plural auf **-aux**, z. B.: **le journal → les journaux** (*die Zeitungen*). Ausnahmen sind u. a. **les détails** (*die Einzelheiten*), **les festivals** (*die Festivals*).

Gänzlich unregelmäßig sind u. a. **l'œil → les yeux** (*die Augen*), **Madame → Mesdames** (*meine Damen*), **Monsieur → Messieurs** (*meine Herren*).

Manche Pluralformen sind im Hinblick auf die Aussprache unregelmäßig, z. B. **l'œuf → les œufs** [œf, ø] (*die Eier*) oder **l'os → les os** [ɔs, ø] (*die Knochen*).

14. Pronomen

Relativpronomen

Gibt es für einen Relativsatz kein Bezugswort, verwendet man die Relativpronomen **ce qui** (= Subjekt im Relativsatz) bzw. **ce que** (= Objekt im Relativsatz).

Je fais ce qui m'intéresse.
- Ich mache das, was mich interessiert.

Je fais ce que me dit ma mère.
- Ich mache das, was meine Mutter mir sagt.

Adverbialpronomen *y* und *en*

Das Adverbialpronomen **en** steht für Ergänzungen mit **de**, während **y** Ergänzungen mit **à** oder anderen räumlichen Präpositionen vertritt, die auf die Fragen *wo?* und *wohin?* antworten (z. B. **dans**, **en**, **sur**).

Y und **en** stehen direkt vor dem konjugierten Verb:

J'y pense. – *Ich denke daran.*

Folgt dem Verb ein Infinitiv, stehen sie vor diesem:

Je vais en acheter. – *Ich werde davon kaufen.*

An den Imperativ werden sie mit Bindestrich angehängt; bei Verben auf **-er** und bei **aller** wird **-s** eingefügt:

Prends-en ! – *Nimm davon!*
Manges-en ! – *Iss davon!*
Vas-y ! – *Los! / Mach schon!*

Genaue Mengenangaben oder Zahlwörter müssen nach dem Verb wieder aufgegriffen werden, z. B.:

Vous prenez une soupe ? – Oui, j'en voudrais une.
– Nehmen Sie eine Suppe? – Ja, ich hätte gern eine.

Stellung im Satz

Im Satz ist folgende Reihenfolge der Personal- und Adverbialpronomen zu beachten:

me / te / se / nous / vous	**le (l') / la (l') / les**	**lui / leur**	**y / en**

Les photos ? Je ne les lui montre pas. – *Die Fotos? Ich zeige sie ihm nicht.*

Il y a encore du thé ? – Oui, il y en a encore. – *Ist noch Tee da? – Ja, es ist noch welcher da.*

3 Rechtschreibung und Zeichensetzung

1. Leicht verwechselbare Wörter

Einige französische Wörter haben die gleiche Aussprache, schreiben sich aber unterschiedlich:

leur - *ihnen* (Personalpronomen)	**leur(s)** - *ihre* (Possessivpronomen)
la tante - *die Tante*	**la tente** - *das Zelt*

In einigen Fällen entsprechen mehr als zwei Wörter derselben Aussprache:

le saut *der Sprung*	**le sceau** *das Siegel*	**le seau** *der Eimer*	**sot** *dumm*
la voie *der Weg; das Gleis*	**(je / tu) vois** *(ich) sehe, (du) siehst*	**(il / elle) voit** *(er / sie) sieht*	**la voix** *die Stimme*

Einige Wörter werden gleich oder ähnlich gesprochen und unterscheiden sich bei ihrer Schreibung allein durch ihren Akzent:

a - *(er, sie, es) hat*	**à** - *in; nach; um*
la - *die; sie* (weibl. Artikel, Personalpronomen)	**là** - *da; dahin*
ou - *oder*	**où** - *wo; wohin*
sur - *auf; über*	**sûr** - *sicher*

2. Schwierige Laut-Buchstaben-Kombinationen

Die Cédille (ç)

In der Regelaussprache wird vor **e** oder **i** das **c** als [s] gesprochen wie in **cinéma** (*Kino*), vor **a**, **o** oder **u** hingegen als [k] wie in **calendrier** (*Kalender*). Wird das **c** vor **a**, **o** oder **u** wie [s] gesprochen, muss die Cédille angehängt werden:

ça (*das / es*), **le caleçon** (*die Unterhose*), **un aperçu** (*ein Überblick*), **il / elle commença** (*er / sie begann*).

Besonderheiten beim „g"

Vor **e** oder **i** wird in der Regel das **g** als [ʒ] artikuliert wie in **génie** (*Genie*), vor **a**, **o** oder **u** als [g] wie in **élégant** (*elegant*). Wird das **g** vor **a**, **o** oder **u** wie [ʒ] gesprochen, muss **-ge-** geschrieben werden: **Il / Elle mangeait peu** (*Er / Sie aß wenig*). Wenn das **g** vor **e** oder **i** wie [g] gesprochen wird, muss **-u** eingefügt werden: **fatigué** (*müde*), **gueule** (*Maul*).

3. Falsche Freunde im Bereich der Orthografie

Bei einigen Wörtern unterscheiden sich die deutsche und die französische Schreibweise nur minimal:

die Aprikose	**l'abricot** (m)
die Aggression	**l'agression** (f)
aggressiv	**agressif, -ive**
der Appell	**l'appel** (m)
der Bestseller	**le best-seller**

der Charakter	**le caractère**
die Giraffe	**la girafe**
die Gitarre	**la guitare**

4. Großschreibung

- Personennamen (Vor-, Nachnamen): **Victor Hugo**
- Ortsnamen und andere geografische Namen: **Paris, la France, le Sahara, le Rhin**
- Adjektive in geografischen Namen: **le mont Blanc, l'océan Pacifique**
- Geografische Bezeichnungen wie **l'Est** im Sinne von östliche Gegend oder Osteuropa (nicht als Himmelsrichtung); ebenso schreibt man groß:
  le Proche-Orient – *der Nahe Osten*
- Von Herkunftsbezeichnungen abgeleitete Substantive, wenn sie Personen bezeichnen:
  Elle parle à un Français / une Française. – *Sie spricht mit einem Franzosen / einer Französin.*
  Aber: **la langue française** – *die französische Sprache;*
  le français – *Französisch* (Sprache)
- Ressorts und politische Ämterbezeichnungen bzw. deren erstes Hauptwort: **le ministre des Affaires étrangères** – *der Außenminister*
- Monsieur und Madame als Anrede und in Verbindung mit Titeln:
  Monsieur le Comte – *Herr Graf*
- Anfänge von Buch- oder anderen Titeln bzw. deren erstes Hauptwort:
  Les Fleurs du mal – *Die Blumen des Bösen*

5. Satzzeichen

Unterschiede zum Deutschen bei der Verwendung der Satzzeichen im Französischen:

Punkt

- Punkte können innerhalb einer Abkürzung stehen:
  T.V.A. (taxe à la valeur ajoutée) – Mehrwertsteuer.

- Schließt der letzte Buchstabe eines Wortes die Abkürzung ab, wird kein Punkt gesetzt: **Mme (Madame)**, **Dr (Docteur)**, **n° (numéro).**

Ordnungszahlen, Datum, Anführungszeichen

- Bei Ordnungszahlen wird kein Punkt gesetzt: **Elisabeth Ire** (Elisabeth I.); **4e étage** (4. Etage).

- Das Datum wird mit Schräg- oder Trennstrichen geschrieben:
  18/04/2010, **15-03-1974.**

- Als Anführungszeichen werden doppelte Spitzklammern gesetzt:
  « Je rentrerai demain. »

Komma

Das Komma wird gesetzt

- bei adverbialen Bestimmungen am Satzbeginn:
  En 2009, j'ai été à Paris. – *2009 war ich in Paris.*

- vor **etc.**: **café**, **alcool**, **etc.** – *Kaffee, Alkohol etc.*

Kein Komma steht vor

- nachgestellten Adverbialsätzen:
  Je pars avant qu'il ne se mette à pleuvoir.
  – Ich gehe, bevor es anfängt zu regnen.

- Objektsätzen:
  Tu sais qu'elle s'en va. *– Du weißt, dass sie geht.*

- indirekten Fragesätzen:
  Je me demande s'ils viendront. *– Ich frage mich, ob sie kommen.*

- für das Satzverständnis notwendigen Relativsätzen:
  C'est le livre que je suis en train de lire.
  – Das ist das Buch, das ich gerade lese.

! Nicht notwendige Relativsätze brauchen Kommata:
Mon cousin, dont je t'ai parlé, habite près de Nice.
– Mein Cousin, von dem ich dir erzählt habe, wohnt in der Nähe von Nizza.

4 Stil

1. Briefwechsel

Anrede

Briefe auf Französisch können unterschiedlich beginnen, je nachdem, wem man schreibt. Auf die Anrede folgt allgemein ein Komma (kein Ausrufezeichen!). An Freunde oder gute Bekannte schreibt man z. B.

Mon cher / Salut Pierre,	*Lieber Pierre, / Hallo …!*
Ma chère / Salut Sophie,	*Liebe Sophie, / Hallo …!*
Bien chers tous,	*Ihr Lieben (alle)!*

Kennt man die Empfänger persönlich, schreibt man:

Madame, / Monsieur, Chère Madame, / Cher Monsieur,	*Liebe Frau …,/ Lieber Herr …,*

Personen, deren Titel oder Berufsbezeichnung man kennt, kann man schreiben:

Madame la Présidente,	*Sehr geehrte Frau …,*
Monsieur le Directeur,	*Sehr geehrter Herr …,*
Maître,	(bei Rechtsanwälten / -anwältinnen)
Docteur,	(bei Ärzten / Ärztinnen)

Wenn man z. B. bei einem Geschäftsbrief den Namen des Empfängers nicht kennt, schreibt man:

Monsieur, / Madame,	(männlich / weiblich)
Madame, Monsieur, / Mesdames, Messieurs,	(für beide Geschlechter) *Sehr geehrte Damen und Herren,*

Unabhängig davon, ob die Anrede förmlich oder vertraut ist, beginnt die nächste Zeile immer mit einem **Großbuchstaben.**

Datum

Das Datum wird im Französischen immer mit dem bestimmten Artikel **le** angegeben. Im Gegensatz zum Deutschen verwendet man danach die Grundzahl, nicht die Ordnungszahl:

le 2 mai (le deux mai) – *der 2. Mai.*
Ausnahme ist der Monatserste:
le 1er mai (le premier mai) – *der 1. Mai.*

Schlussformeln

In Briefen an Freunde oder Verwandte schreibt man z. B. **Grosses bises** (*Liebe Grüße*) oder **Je t'embrasse bien fort** (*Sei lieb gegrüßt*).

Bei einem gewissen Bekanntheitsgrad schreibt man **Amicalement** / **Cordialement** (*Herzliche Grüße*).

Übliche Schlussformeln bei Geschäftsbriefen sind:
Je vous prie / **Nous vous prions de croire, Madame** / **Monsieur, à l'assurance de mes** / **nos sentiments distingués** (*Mit freundlichen Grüßen*) / **Veuillez agréer, Madame** / **Monsieur, l'expression de mes salutations les plus sincères.** (*Mit freundlichen Grüßen*)

In geschäftlicher Fax- und E-Mail-Korrespondenz schreibt man etwas kürzer:
Meilleures salutations. / Salutations (distinguées).
(*Mit freundlichen Grüßen / Viele Grüße*)

2. Glückwünsche und Grußformeln

Félicitations !	*Gratulation! / Glückwunsch!*
Bonne chance !	*Viel Glück!*
Bon anniversaire !	*Herzlichen Glückwunsch zum Geburtstag!*
Joyeux Noël !	*Frohe Weihnachten!*
Joyeuses Pâques !	*Frohe Ostern!*
Meilleurs vœux !	*Alles Gute!* (diverse Anlässe)
Bon rétablissement !	*Gute Besserung!*
Bonne soirée !	*Schönen Abend!*
Rentre / Rentrez bien !	*Komm / Kommen Sie gut nach Hause!*
Bon retour / voyage !	*Gute Heimfahrt / Reise!*

désirer ≠ souhaiter

Désirer heißt *sich (selbst) etwas wünschen*, **souhaiter** dagegen *anderen etwas wünschen*:

Je désire vous parler. – *Ich wünsche Sie zu sprechen.*
Je te souhaite un joyeux anniversaire. – *Ich wünsche dir alles Gute zum Geburtstag.*

3. Höflichkeit

Bitten, Auffordern und Anbieten

Peux-tu ... ?	*Kannst du ...?* (freundlich, nicht förmlich)
Pourrais-tu ... ?	*Könntest du ...?* (etwas förmlicher)
Puis-je ... ?	*Darf ich ...?* (förmlich)
Auriez-vous l'amabilité de ... ?	*Wären Sie bitte so freundlich und ...?* (förmlich)
S'il vous plaît (Monsieur), ... !	*Bitte (Herr Ober), ...!* (beim Bestellen)
Désirez-vous ... ?	*Möchten Sie ...?*
Et avec ça / cela ?	*Darf es sonst noch etwas sein?* (beim Einkaufen)

Danke und Bitte

Merci ! / Merci bien !	*Danke! / Danke schön!*
Merci beaucoup !	*Vielen Dank!*
Mille mercis !	*Tausend Dank!*
Je te / vous remercie !	*Ich danke dir / Ihnen!*
De rien !	*Bitte! / Bitte sehr!*
Je t'en / vous en prie !	*Bitte schön!*
Il n'y a pas de quoi !	*Keine Ursache!*
C'était avec plaisir !	*Gern geschehen!*

„Désolé(e)“, „Excusez-moi“ und „Pardon“

Désolé(e) ! sagt man, wenn man um Verzeihung für etwas bittet, etwas bedauert (= *Es tut mir leid*). Die Antwort darauf lautet in der Regel:
Ce n'est pas grave. / **Ce n'est rien.** (= *Das ist nicht schlimm.*) oder
Ça ne fait rien. (= *Das macht nichts.*)

Excuse-moi ! / **Excusez-moi !** / **Pardon !** sagt man, um sich für etwas zu entschuldigen.

Excusez-moi ! wird auch verwendet, um z. B. einen Fremden nach etwas zu fragen (= *Entschuldigen Sie*) oder wenn man an jemandem vorbei möchte (= *Könnte ich bitte vorbei?*).

Pardon ! sagt man z. B. bei einer Ungeschicklichkeit, etwa wenn man jemandem versehentlich auf den Fuß tritt (= *Entschuldigung!* / *Verzeihung!*).

Hat man etwas nicht verstanden, fragt man: **Pardon ?** (= *Wie bitte?*).

Stichwortregister